JN009156

真のお母様のみ言

御旨の道

光言社

序

文鮮明《ムンソンミョン》総裁（真のお父様）、韓鶴子《ハンハクチャ》総裁（真のお母様）は、人類の真の父母として、その生涯を天の父母様（神様）の解放、人類の救い、平和世界実現のために捧《ささ》げてこられました。私たちは、摂理の中心であるその真の父母様と一つになって、「天の父母様のもとの人類一家族」理想を実現していかなければなりません。

真のお父様は一九九四年に、次のようなみ言《ことば》を語られています。真のお父様の、真のお母様に対する深い信頼が表れたみ言です。

> お母様を中心として皆さんが一体になっていかなければならない時が来ました。もう先生がいなくても、お母様が代わりにできる特権を許諾したというのです。お父様がいないときは、お母様のことを思わなければなりません。そのように理解して、先生の代わりにお母様に侍《はべ》る心を持ち、

祈祷もそのようにするのです。今までは先生を愛してきましたが、これからはお母様を愛さなければなりません。これからはお母様の時代に入っていくことを理解して、特に女性たちはそのようにしなければなりません。ここにおいて、先生が第一教主であれば、お母様は第二教主であると世界的に宣布し、天地に宣布します。（二六五―三一〇、一九九四・一一・二七）

二〇一二年に真のお父様が聖和《ソンファ》された後も、真のお母様は不変の心情で摂理の先頭に立ち、歩んでこられました。真のお父様との約束を果たし、神様の夢をかなえてさしあげるために「中断なき前進」を貫かれ、二〇二〇年、七年路程を勝利して、「天一国安着」を宣布されたのです。

さらに真のお母様は、二〇二七年を目標として、新たな七年路程を出発されています。この路程を勝利するに当たっても、やはり右のみ言《ことば》のごとく、天寶《てんぽう》家庭や祝福家庭、食口《シック》一人ひとりが、真のお母様を中心に一つとなって歩むことが願われています。

本書は、真のお母様の決意と心情をより多くの人に知っていただき、七年路程を勝利するための手助けとなることを目指して制作されました。

真のお母様は一九六〇年代から最近に至るまで、膨大な量のみ言を語られています。そのすべてが私たちにとって貴重であり、必要なものです。その中からいくつかを抜粋して編集するのは、大変困難な作業ですが、それでも天の大いなる導きのもと、このような形でみ言を収録することができました。

本書は三部構成になっています。第一部は、二〇一二年から二〇二〇年までに語られた真のお母様のみ言の中から、中心的なメッセージをまとめて掲載しました。第二部は、真のお母様が特に二世・青年圏に向けて語られたみ言を集めて収録しました。第三部は、真のお母様がこれまでに語られたみ言の中から抜粋して編集した内容を、テーマ別に並べています。

一つ一つのみ言に込められた真のお母様の決意と心情は、必ずや私たちの信仰生活の血となり、肉となって、多くの人に愛を伝える原動力となるでしょう。

本書が、二〇二七年に向かうみ旨の道を力強く進んでいくための、良き案内書となることを心からお祈りいたします。

天の父母様聖会 世界平和統一家庭連合

目次

第三部　日々の信仰姿勢……43

第一部

独り娘・真のお母様と一つになる

中断なき前進

基元節勝利のための世界指導者特別集会
二〇一二年九月十七日、韓国・清心《チョンシム》平和ワールドセンター

愛する食口《シック》の皆さん。

天も干渉することのできない蕩減《とうげん》復帰の摂理路程で、真のお父様と私が経験してきた苦痛は想像を超越するものです。私たちは真の家庭の子女四人を摂理の祭物として捧《ささ》げることまでしました。その険難な蕩減復帰の路程を、誰が畏れ多くも量り知ることができるというのでしょうか？　私は全生涯を捧げて真のお父様の伴侶として、苦楽を共にし、万難を克服してきました。その勝利的基盤の上に、真の父母様は天が下さった摂理的次元の同等権、同居権、同位権を持つようになったのです。

＊

真のお父様は今、霊界で私たちといつも共にいらっしゃいます。ただ無形でいらっしゃるだけであり、一瞬たりとも私たちの傍らを離れることはないでしょう。今私たちに何を望んでおられるでしょうか？　正に中断のない前進です。神様の摂理は、全世界に真の父母を中心とする中で愛と平和が満ちあふれ、心情文化が定着し、新しい秩序が定着するときまで続けられなければなりません。その上に基元節の勝利を土台としてより一路邁進《まいしん》し、天と真の父母様の前に大きな栄光をお捧げし、世界と歴史の前に大きな希望を抱かせてあげなければならないでしょう。

*

私はこのような摂理の勝利圏のために最善に最善を尽くしながら、全生涯を見せてくださり、指導してくださった真のお父様の生涯と伝統に忠実であり続けるでしょう。皆さんにきょうお伝えするこの願いは、霊界に行かれる真のお父様の遺言なのです。全員が胸深く刻み、勝利者になられることを懇切に願う次第です。

私たちが必ずや責任完遂いたします

文鮮明《ムンソンミョン》天地人真の父母天宙聖和《ソンファ》三周年記念式
二〇一五年八月三十日、韓国・清心《チョンシム》平和ワールドセンター

世の中でも、上の位置で責任を持つ人が、底辺まで下りてくるのは大変なことです。しかし、万王の王、天地人真の父母として来られた再臨メシヤ、救世主、真の父母の路程は、基盤として準備されたキリスト教が責任を果たせないことによって、僕《しもべ》の僕の位置から出発するしかありませんでした。そのような摂理路程を、皆さんはご存じでしょう。そのような中でも、天を慰労し、必ずや神様の夢であり、所願であるみ旨を成してさしあげるということを誓う日々でした。

＊

世の中が知りえないことを、しかも莫大《ばくだい》な権力と財力を持っている国々が

成しえないことを、一人の個人が、真の父母であるために決断しました。

＊

きょう集まった皆さんは、お父様にどんなことをお話ししたいですか？私はこのように話したいです。

「お父様、これ以降は心配しないでください。私たちが必ずや責任完遂いたします。ですからお父様は、永遠なる本郷苑《ポニャンウォン》において、これまで孤独であった神様、天の父母様を慰労され、頌栄《しょうえい》の対象として自由の身となられることを懇求いたします！」

これが、私たちが世界の前に見せて責任を持つべき、心情文化の幟《のぼり》であり、旗であり、花であるということを肝に銘じ、皆さんも私と同じ覚悟で最善を尽くしてくださることをお願いいたします。

真のお父様への書信

文鮮明《ムンソンミョン》天地人真の父母天宙聖和《ソンファ》七周年記念式

二〇一九年八月十七日、韓国・清心《チョンシム》平和ワールドセンター

愛するお父様！　慕わしいお父様！　いつも共にいらっしゃるお父様！

お父様が天上に入城され、もう七年の歳月が流れました。この天宙に、あなたが流された汗と涙のしみ込んでいない所はありません。きょうはひときわ、お父様が慕わしいです。

聖和される前の一年、お父様は九十歳を超えたお年であるにもかかわらず、八回以上もアメリカに行かれましたね。御自分の健康は全く顧みず、ただ世界と人類のために歩まれました。「オンマ、この仕事を終わらせて時間ができたら、少し休もうね」と言われた言葉は、ついに地上では、かなうことがありませんでした。昼夜を分かたず、休まずに歩まれたお父様。私もまた、そのようなお父様に侍《はべ》って生活しながら、生涯、三時間以上眠った日があり

ませんでした。

二〇一二年、暑夏。最後、病院に入院するときも、お父様は「まだすべきことが多いのに、病院で時間ばかり過ごしてどうするんだ！」と、入院を勧めた人たちをむしろ叱られましたね。まだすべきことが、たくさん残っていました。そして急いで天正宮《チョンジョングン》（博物館）に戻り、「きょうはオンマとふたりで向かい合って食事をしたいね」とおっしゃったでしょう。そのとき、周りの食口《シック》たちはとても不思議に思ったはずです。いつも私と一緒に座り、食事をされていましたから。

その日、お昼の食膳を前にされたお父様は、さじを持とうともせずに、私の顔だけをじっと見つめていらっしゃいました。お父様の心の中に、私の顔を刻みつけていらっしゃったのでしょう。私はほほ笑みながら、お父様の手にさじを取ってさしあげ、おかずを召し上がっていただきました。そして、そのお姿をじっと見つめました。私も、お父様のお顔を胸に刻みつけたかったのです。

ひときわ強い日差しが照りつける中、お父様は人の背丈以上のとても大きい酸素ボンベと共に、清平《チョンピョン》湖と清心《チョンシム》中高等学校をはじめ、清平団地をすべて見て回られました。そして天正宮《チョンヂョングン》（博物館）に戻り、「天よ、祝福してください。終わりを結べるように許諾してくださることをお願い申し上げます」という祈祷をされました。その後、録音機を持ってくるようにおっしゃり、「復帰摂理の使命をすべて成し遂げた」という最後の祈祷を、私と一緒に捧《ささ》げられました。

「オンマ、ありがとう！　オンマ、頼んだよ！」

お父様は息苦しそうにされながら、「本当にすまない。本当にありがとう」と、続けて話されました。私はお父様の手をさらに固く握りしめ、慰労の言葉と眼差しで、安心していただけるよう努めました。

「何も心配しないでください」

お父様はそのようにして、天の父母様の懐に抱かれました。天聖山《チョンソンサン》の本郷《ポニャン》苑《ウォン》で眠りに就かれました。

お父様の聖和《ソンファ》後、私は明け方になれば、本郷苑に上がりました。秋には激しい風が吹き荒れ、冬にはぼたん雪が降り積もります。休むべき理由と言い訳はいくらでもありましたが、一日も欠かさず、夜明けとともに本郷苑に上がりました。聖和後四十日間、朝夕に、霊前に食事を捧げ、お父様が恋しくなれば、本郷苑まで何度も往復しながら、お父様と多くの会話を交わしましたね。そうして、お父様のお考えが私の考えになり、私の考えがお父様のお考えになりました。

暖かな日差しの日、風が吹く日、突然雷が鳴りどしゃぶりの雨が降る日、ぼたん雪が空を真っ白に覆う日……。それでも私は、お父様の聖和後、千九十五日間、一度も侍墓《シミョ》を欠かしませんでした。また、一九七〇年代にお父様が歩まれたアメリカのラスベガスからニューヨークまでの五千六百キロを横断し、お父様と一緒に登ったアルプス山脈の十二の峰に登りました。そうして、お父様と約束した「草創期の教会に返り、神霊と真理で教会を復興させる」という決意を固めました。

聖和三周年に私は、これからお父様が、今まで孤独であった天の父母様を慰労してさしあげ、頌栄《しょうえい》の対象として自由の身となられることを切に願いました。そしてお父様のために、天の父母様のために、二〇二〇年までに七カ国の国家の復帰を勝利することを決意しました。

東から西、南から北に、私は世界を抱くため、休む間もなく巡回しました。口の中がただれ、足がむくんで立っていることさえできない困難がありましたが、私は休むことができませんでした。お父様との約束、「み旨がどれほど大変でも、私の代で終わらせる」という約束を守るためでした。

「必ずや私が成してさしあげる。そのために、私は変わることなく歩む」と、数え切れないほど自らに言い聞かせながら、生きてきました。胸が締めつけられるほどあなたが恋しいときは、月を友として言葉を交わし、お父様の御聖体を前にして誓った約束、「私の生涯を終える日までに、天一国をこの地に定着させる」という決意を繰り返し固めながら、生きてきました。

そのように生きてきたところ、お父様、もう聖和《ソンファ》七周年になりました。

お父様はご存じですよね。お父様の聖和後は、本当に言葉では言いようのない、「私だけが残りました」という立場でした。荒漠な砂漠に砂嵐が吹き荒れ、目を開けることもできない環境で、小さな針一つを探さなければならない心情でした。しかしお父様、私は探し出しました。探し出さなければならなかったのです。

「二〇二〇年までに七カ国を必ず復帰する」という私の決意、「すべての祝福家庭を神氏族メシヤとして天寶《てんぽう》苑に入籍させる」という私の決意は、お父様のための、私の贈り物です。この贈り物が、そして天の父母様に対するあなたの孝情《ヒョヂョン》の生涯が、全世界に希望の光となることをお祈りします。

お父様、愛しています！

お父様、愛しています！

天の父母様聖会

天地人真の父母様天宙聖婚六十周年記念特別集会
二〇二〇年五月八日、韓国・ＨＪ天宙天寶《てんぽう》修錬苑

皆さんの責任が重要です。責任を果たしますか？　この地に住んでいる民のうち一人でも、天の父母様を知らないということがあってはいけません。真の父母を知らなければならないのです。キリスト教（の時代）はもう過ぎました。

ですから私は、政界、宗教界、財界、思想界、言うまでもなくすべての人たちが一つの旗の下に集まることのできる「天の父母様聖会」を発表します。

＊

私は今まで、隠された摂理の真実を話すと言いました。天の父母様というときは、「天の父」だけでなく、「天の母」もいらっしゃいます。

この名称（天の父母様聖会）は、天の母が中心になって世界人類を抱いて生んでくれるという意味があります。そのような大きな傘です。皆さんは立ち上がり、興奮して踊り出さなければなりません。

*

一二〇パーセント、天の父母様を証《あか》ししなければなりません。皆さんの考えで、時を判断しないでください。愚かなことをこれ以上しないでください。これ以上、父母様の前に親不孝をしないでください。

*

これからは一つの声、一つの行動で、私と一つにならなければなりません。ひまわりが太陽に向かって、雲が遮っても、何かが遮っても一つの方向を向くように、あなたたちはそのような姿勢を持たなければなりません。

ビジョン二〇二七勝利のために

文鮮明《ムンソンミョン》天地人真の父母天宙聖和《ソンファ》八周年記念天寶《てんぽう》大祝祭祝勝会
二〇二〇年十月十一日、韓国・清心《チョンシム》平和ワールドセンター

真のお父様の聖和後、基元節の宣布を誰がしましたか。独り娘・真の母が天一国元年を宣布しました。天が主管しうる天一国の門が開かれたのです。そうであれば、天一国の民として、資格を備えた人々がいなければなりません。

*

七十数億の人類を二〇二七年までの間に、すべて復帰すればよいでしょうが、七年路程を歩みながら、いまだに多くの越えなければならない境界線があるということを知っています。ですから、少なくとも天寶に入籍した家庭と祝福家庭が私と共に、人類の三分の一でも復帰しなければならないというのです。

＊

霊界にいらっしゃるお父様と、孝進《ヒョヂン》や興進《フンヂン》、父母様の子女たちに対して、自分がその代身者として働いている、霊通している、などということはありえません。誰よりもよくご存じのお父様です。地上にいる独り娘・真のお母様がどれだけ貴く、重責を担っているかをご存じの方が、私を通さずに、どうして名前も分からないような一介の人物を通して、ああだこうだと霊界メッセージを送られると言えますか。常識的に言っても、可能ではありません。

＊

私は、摂理の伝統を立てるために三世を立てました。私が地上にいる間にすべての環境をつくって、水が流れるように、よく流れていくようにするでしょう。

第二部　未来を担う青年たちへ

お互いを愛し、誇りに思う文化

ビジョン二〇二〇トップガン二十一日教育開会式
二〇一三年九月二十三日、韓国・天正宮《チョンジョングン》博物館

私は、この時代に私と共にいた皆さんが、すべて歴史的な人物となることを願います。

＊

お父様がみ旨を抱いて歩んできながら、最も気をつけられたのが若さゆえの血気でした。ですから、「宇宙主管を願う前に自己主管を完成せよ」という目標を立てて、（一日）十数時間ずつ祈祷しながら、体を打たれたのです。皆さんも同じです。自ら悟らなければなりません。

（お父様が）十六歳でみ旨に従い、開拓してこられた路程は、口ではとうてい言い表すことのできない、血と汗と涙の死生決断の路程でした。四十歳に

なるまで一瞬たりとも楽に休めず、食事もまともに召し上がれない立場で、お立てになった志を果たすためにすべてを捨てて、まっすぐに歩んでこられたのです。

そのようにして、一九六〇年の聖婚とともに真の父母の摂理路程が始まりました。二〇一三年に基元節を宣布されるまで父母様が歩まれた路程は、とても言葉では表すことができません。（お父様が）皆さんを信じて霊界に行かれるしかなかったということを考えてみましたか。皆さん一人ならば適当に歩んでもかまいませんが、子供がいて、後代がいます。父母様がいかなる心情であったのかということを皆さんが知ってくださることを願います。皆さんはこの瞬間がどれほど貴いかを知らなければなりません。

＊

私はヨシュアとカレブが好きです。二人とも名門家庭の子孫でした。八十歳を超えても、天の前に忠誠を尽くしたのです。カレブは何の不足もない人でしたが、ヨシュアと一つになりました。「自分は偉い」とは考えず、ヨシュアを立てました。カインとアベルが復帰された立場でした。そのような基台を立てたので、イスラエル民族を通してメシヤが来ることができたのです。

＊

互いに愛し、誇り合う文化が定着していないようです。私たちは、互いにいたわり、愛し合う心が、この世のいかなる団体よりも強くなければなりません。真の父母の子女なので、違わなければなりません。

今からでも皆さんを通して、私は環境創造をしたいと思います。各自が高くなろうとばかり考えずに、互いにために生き、育て、誇り合えば、全体的に成長できるのです。自分だけが偉い、一番であると考え、自分の考え以外はないと考える、そのような団体や個人は発展がありません。

かつて統一教会（家庭連合）を信仰していたけれど、それぞれ事情があって出ていった人もいれば、離れた人もいますが、おしなべて「父母様は愛している」というのです。誰それのゆえに離れたというのですが、これは直さなければならない点です。

誰でも、自己中心になったり、自分のためだけに行動すれば小さくなり、「ため」に生きる生活を送るようになれば大きくなって発展します。自分のせいで苦痛を受ける人がいてはいけません。

＊

皆さんがやり遂げるならば、どれほど誇らしいでしょうか。一人ではできません。皆さんが力を合わせて、二倍化、三倍化、四倍化、十倍化、百倍化するようになれば、できるのです。皆さんは、真の父母によって重要な時代を生きているということを忘れてはいけません。

真の愛を伝える水になりなさい

二〇一四真の父母様アロハ・リユニオン（ハワイ修練会）開講式
二〇一四年七月二十二日、アメリカ・クイーンガーデン

真の愛を中心とした摂理の貴い子女として、私たちはみな、共に行くようにしなければなりません。真の父母の祝福によって生まれた者たちが脱落せずに、みな一緒に行こうというのです。真の愛を中心とした教育が重要です。

*

人類は、一日も気持ちの安らぐ日がありません。よく食べてよい暮らしをすれば幸せだろうと思ったのに、そうはいかないのです。不満が生じるのです。

*

これから私は、皆さんに大きな期待をかけてみようと思います。世の中に

おいて皆さんだけがピュア・ウォーター（pure water）です。汚れのない、汚染されていない純粋な水なのです。今の世の中は非常に汚染されています。

*

これを黙って見てばかりはいられないのが真の父母の立場です。私たちが立ち上がって教育しなければなりません。神様が創造された万物世界、堕落せず汚染されていないその世界へと、環境を戻さなければなりません。それが私たちの責任です。

*

皆さんは、この神秘的な自然環境を見ながら、天の父母様に限りない感謝と賛美を捧《ささ》げなければなりません。そして、各自の国を、天の父母様が創造された本来の美しい姿に戻すために努力しなければならないのです。

天一国の精鋭部隊

世界平和青年学生連合総会および出征式

二〇一七年二月二十三日、韓国・清心《チョンシム》国際青少年修錬院

皆さんは、天地人真の父母に侍《はべ》り、天一国世界化の環境創造のために努力すべき天一国の精鋭部隊、勇士です。そのような自信を持って歩んでください。

＊

精鋭部隊は、真の父母が命令すれば絶対服従で従わなければなりません。世界人類が神様を父母として侍って暮らす地上天国は、真の父母を中心として私たちの手で成さなければなりません。そのような点で、皆さんはすべての面で最高にならなければなりません。

＊

きょうここに集まった皆さんは、その責任を果たすに当たって努力を怠ってはいけません。真の父母に侍る誇らしい天一国の精鋭部隊であり、勇士であることを自覚しなければなりません。

*

昔、新羅《シルラ》の復興のために花郎《ファラン》が創立され、国を守ったように、大学生の運動であるＣＡＲＰ（大学原理研究会）が活性化されてこそ、国家の復帰が可能です。ＣＡＲＰが活性化されれば、国家を復帰し、世界を救うことができます。

*

六千年の蕩滅《とうげん》復帰摂理歴史の期間が、暗い冬の季節だったとすれば、天一国が出発し、国家の復帰と世界の復帰のために出ていくこの時は、摂理の春を迎えているのです。この春に、皆さんは苦労して元気な種を蒔《ま》き、天が望まれる時に人材を獲得することができなければなりません。充実した春を迎え、皆さんが責任を果たすことを祈ります。

最後まで変わらない一片丹心で

二〇一七ジャパン・トップガン・カレッジ修了式
二〇一七年二月二十五日、韓国・天正宮《チョンジョングン》博物館

（御聖婚）当時、真の父母の環境圏はとても微弱でした。少数の食口《シック》がいるだけでしたが、今や、国家を超えて世界的環境圏になっています。きょう、あなたたちが決心した、み旨を展開していくに当たって、一九六〇年に私が出発した当時と比較すれば、あなたたちの環境は世界的です。

*

あなたたちは知らなければなりません。天が六千年ぶりに誕生させ、取り戻された独り娘です。

その独り娘が、真の父母としてこの道を歩んできながら、変わらない一片丹心で、天の父母様の夢、人類の願いを、真の父母として必ず成就してさし

あげようという、そのような気持ちできょうも生きています。

＊

私は（真の母の道を）一人で五十七年歩んできましたが、あなたたちは千二百人です。私と一つになれば、爆発的な力、結果を現すことができます。違いますか？　必ず、国家の復帰、世界の復帰を、あなたたちの手で成すのです！

＊

私はあなたたち一人ひとりをみな胸に記憶し、私が霊界に行くその日、あなたたちと共に成したという喜びを持って行きたいのです。

あなたたちは、天一国の精鋭部隊として、最後まで変わらない一片丹心で、勝利のひと日を飾るときまで進んでいくでしょう？　おめでとう。祝福します。私は、あなたたちを愛しています。

天の父母様の夢を実現するために

第七期天一国青年宣教師特別集会
二〇一九年五月十五日、韓国・天正宮《チョンヂョングン》博物館

キリスト教文化圏が支えとなることのできない中でも、皆さんのような二世、三世が全世界に現れるようになりました。これは奇跡です。皆さんが中心にならなければなりません。

＊

天の父母様の夢は何ですか？（天の父母様は）真の父母を通して、この堕落した人類すべてを祝福結婚を通して生み変え、皆さんのような二世、三世たちが生まれることを願っておられるのです。「六千年の蕩減《とうげん》復帰、悲しい摂理の歴史などなかった」といって忘れてしまいたいというのが、天の父母様の願いであり、夢なのです。

皆さんはどのような心の姿勢で摂理に同参すべきでしょうか？　真の父母と共にあって、絶対信仰、絶対愛、絶対服従の姿勢を持って、皆さんが世の中の灯《ともしび》とならなければなりません。

*

皆さんによって、天の父母様が抱くことのできる、祝福家庭がたくさん誕生し、真の父母が生きている時に、真の父母が地上にいる間に、一日でも早く天の父母様の夢、真の父母の願い、人類の夢をすべて成し遂げたと言える立場、そのような環境を、必ずつくらなければなりません。

*

皆さんはそれぞれ、これから宣教国に向かいますが、一人で行くのではありません。皆さんの善なる先祖が、そして、天の父母様と真の父母が共にいるのです。

「夢の日」

天一国国立大学未来指導者特別集会
二〇二〇年六月二十七日、韓国・孝情《ヒョヂョン》文和苑

六千年ぶりに、真の父母の摂理の六十年目にして、きょう出会いました。多くの（記念）日がありますが、この日を何の日と命名しましょうか？（日本語で語られながら）「ゆめのひ（夢の日）」です。

＊

皆さん一人ひとりは微力ですが、皆さんが一つになって一つの目標に向かい、大きく成長し続け、進み続けるならば、必ず統一韓国、天の父母様の夢、真の父母の夢、皆さんの夢が成し遂げられるでしょう！　それできょうのことを忘れないようにと、私が日本語の単語を使いました。皆さんは独り娘・真の母の夢であり、誇りであり、幸福です！　愛しています！

＊

皆さんはこれから、勉強も熱心にしなければなりません。なぜでしょうか？世の中の人々を教育する位置に立とうとすれば、たくさん知らなければならないのです。学生として休みがあるときも、摂理に同参し、一線で責任を果たす位置に立って、天の摂理を一分一秒でも早める皆さんになるように願います。

＊

皆さんは私の息子、娘です。このように六十年という時間をかけずに、これからは一分一秒を惜しみ、一緒に暮らしながら、天の父母様に侍《はべ》って生きなければなりません。その生涯がどれだけ興奮し、感謝でうれしいことなのかを見せてあげなければなりません。

真の母の夢を実現する孝情郎《ヒョヂョンナン》

ジャパン・トップガン・アセンブリ二〇二二
二〇二二年五月二十九日、韓国・天正宮《チョンヂョングン》博物館（オンライン）

あなたたちこそ、天一国の変わらない青い松であり、未来の希望です。独り娘・真の母の夢を実現するのは、孝情郎、あなたたちだけです。

＊

日本を中心として、あなたたちはこれまで苦労して十倍化を果たしましたが、それをもってしては国家の復帰に到達することはできないので、さらに、百倍化の努力をしなければなりません。あなたたちだけが日本の希望であることを知らせなさい。

＊

天の父母様を父母として侍《はべ》り、共に地上生活ができる環境を真の父母はつくっています。それなのに、そこに同参することができず、この黄金期を逃すかわいそうな一世圏、二世圏にならないようにしなければなりません。

あなたたちがもっと努力して、韓日問題を解決できなければならないのです。自分も知らないうちに天の摂理に同参している義人たちや預言者の活動報告を聞く今この時ですが、これに同参できないでいる人々に向かって、強く大胆に、勇気を持って叫んでくれることを願います。

＊

私はあなたたちがいて、天の父母様の前に感謝と栄光をお返しすることができ、うれしいです。愛しています。

第三部　日々の信仰姿勢

真の父母

神様の摂理として、人間の中から勝利した独り子と独り娘が出てきて、真の父母の位置で、堕落した人類を再び生む重生、復活の祝福の門を開かなければなりません。

＊

真の父母は、以前にも以後にもない独り子、独り娘です。

＊

真の父母は永遠に唯一です。二代目、三代目はありえません。

＊

真の父母は、神様の心情と深く連結されており、神様の観点ですべての人と万物に対する人です。

＊

真の父母は、皆さんだけでなく、すべての人類の真の父母にならなければなりません。

＊

メシヤは人類の前に、真の父母として来なければなりません。

＊

人類が願う夢、天の父母様が願う夢は、真の父母から出発します。

＊

人類歴史において多くの聖人たちが現れては去り、神様の前に懇願しながら精誠を尽くしましたが、神様の心情を知って慰めてさしあげ、神様を解放してさしあげたのが、真の父母です。

＊

人間に責任を与えたので、人間として勝利した真の父母が出てこなければ、天の父母様の夢、創造目的を成すことができないのです。

＊

神様の願いや夢が何であったかを分かるようにしてあげなければなりません。それが分かるようにしてあげられるのは、ひとえに真の父母しかいません。

＊

人類は、神様の創造原則によって、一から十まで、神様を中心として一つになる道へと進んでいかなければなりません。その道を正しく教えてくれるのが真の父母です。

＊

私が地上で生きている間に、天の父母様の願いを成し遂げ、人類を天の父母様の懐で生み変えてあげなければなりません。導かなければなりません。それが真の父母の責任です。

＊

人類にとって真の父母は、たった一度しか迎えることができません。その一度の真の父母が、永遠なる真の父母なのです。

＊

真の父母の勝利の基盤を備えるために、歴史的に数多くの犠牲の代価を払ってきたことを考えるとき、「真の父母」という言葉こそ、今日私たち人類にとって福音の中の福音であることを知るべきです。

天の父母様の苦労によって、人類の中から完成した真の父母が現れたのです。その真の父母の誕生は、人類歴史において奇跡のような出来事です。

＊

私は母です。最後です。「人の子に言い逆らう者はゆるされるであろうが、聖霊をけがす者は、ゆるされることはない」（ルカによる福音書第一二章第一〇節）と聖書にもあるではないですか。最後なのです。

＊

真の父母の生涯路程を一言で表現すれば、「緊張と苦痛」であると言っても過言ではありません。その理由は、蕩減《とうげん》復帰摂理におけるサタンとの生死を懸けた闘いであったためです。

「天の蕩滅復帰は、私の代で完成しよう。私が終わらせよう。終わらせて新しい時代を開いていこう」。これが、十七歳でお父様と聖婚し、思ったことです。

*

一九六〇年、私たち夫婦は聖婚式を執り行い、命の尽きる日まで世界平和と人類の繁栄のために昼夜、働くことを、天の父母様であられる神様の前に誓いました。

*

真のお父様と私は、神様の導きに従う人生を生きてきました。真の父母の心情で全人類を包容しなさいという神様の命《めい》を奉じて、神様の解放と人類救援、平和世界実現のためにすべてを投入しました。

＊

真のお父様と私は、神様の祖国光復のために一片丹心の生涯を生きてきました。決して振り返ることなく、ひたすら前だけを見つめて歩んできたのです。

＊

真の父母は人類を愛し、未来の幸せな世界をつくるために、どん底から苦労をしました。そして、サタンの権勢を押し倒し、すべてを蕩減《とうげん》復帰したのです。

＊

お父様は草創期にみ言《ことば》で、愛で、厚い心情世界の因縁で、多くの食口《シック》たちを育てられました。

＊

はっきりしていることは、いかなる反対や迫害があっても、お父様は神様のみ旨を成し遂げてこられたということです。

＊

私は真の父母、独り娘、真の母です。宇宙の母です。私に、私心はありえません。天の父母様が創造原則をそのように立てたのです。

＊

父母様の考えは全体のための考えです。父母様が「しよう」と心に決めたその意味を酌まなければなりません。

＊

真の父母が行く道の前には、巨大なる本流だけがあります。支流はありえません。本流につながることができなければ、支流は死にます。

今日、全世界で起きているあらゆる問題は、個人では解決できません。真の父母を中心に迎えた立場において、一つ一つ、解いていかなければならないのです。

＊

真の父母と一つになって進んでいくならば、世界の中心を行く国になるのは間違いありません。

＊

真の父母によって、日本は摂理の中心に立つエバ国、母の国として祝福を受けました。

＊

すべての祝福家庭は、真の父母の前に絶対的に一つにならなければなりません。

*

自分の持つ考えや感情、言葉と行動を真の父母と一致させなければなりません。そうしてこそ、真の父母のみ意《こころ》と一つになることができるのです。

*

自分自身を中心とすることは禁物です。すべての焦点を父母様に合わせ、父母様と一心同体となって動かなければなりません。父母様の願いが皆さんの願いにならなければなりません。

*

お互いに言葉が違い、環境が違ったとしても、真の父母を知ったがゆえに、私たちは一つになれるのです。

＊

皆さんがみ旨に従ってきたというとき、それは真の父母に従ってきたのです。他の個人に従ってきた道ではなかったはずです。

＊

各自、違う心と体を持っている皆さんが、いかにして、独り娘・真の母と一つになることができるかを考え、努力しなければなりません。

＊

皆さんの生涯と人類歴史を懸けて、私と一つにならなければなりません。私と一つになりえない考えを持っている人々には希望がありません。

＊

真のお父様は地上界に再臨協助し、私と一心、一体、一和、一念の境地で、摂理を経綸《けいりん》されるでしょう。

＊

「真の父母様は一生の間、世界七十数億の人類をお考えになり、後代と未来のために多くの業績を残された、見せてくださった、成し遂げられた」と言ってもらえるようなことを私はしようと思うのです。

＊

私が地上で生きている間に、お父様の遺業を磨き上げ、後代まで光を放つことができるように伝統を立てようと思います。

＊

今や全人類が、真の父母を待ち望んでいます。誰もが、真の父母の愛と生命、血統を受け継いだ、真の息子、娘にならなければなりません。そうしてこそ、真の幸福と永生の門が開かれるのです。

＊

たとえ死の道を行くとしても出会うべきなのが、真の父母です。歴史をすべて失い、後孫をみな失うことになるとしても、真の父母に出会えば、歴史を取り戻し、未来も取り戻すことができます。

＊

人間は、真の父母の愛によって完成するのです。真の人間としてこの世を生き、永遠の生を生きるためには、真の父母に出会わなければなりません。

＊

堕落した人間としては、神様のみ前に出ていくことができません。勝利した人間、勝利した真の父母によってのみ、天のみ前に出ていくことができます。

＊

堕落した人類の願いは、真の父母に会うことです。

＊

今日の人類が、真の父母を通して天国に行けるかどうかは、自分たちで責任を負わなければなりません。ですから私は、最大限努力し、すべての人々に「私が独り娘、真の母、真の父母である」と教えているのです。

＊

真の父母に似た真の子女の生活をするようになれば、「あなた」と「私」が二つの血統ではなく一つの血統であり、同じ兄弟姉妹であることを感じるようになるでしょう。

＊

真の父母に侍《はべ》って歩む皆さんの行く手には、限りない勝利と発展があることでしょう。

夢

天の父母様は、明確な理想を描いてこの世界をおつくりになりました。その理想の中心に、孝の心情に根づいた親子の関係があります。

＊

神様の創造目的は、神様とアダムとエバが一体となり、家庭を築いて三代（家庭的四位基台）を成すことでした。それが神様の願いでした。

＊

神様が被造世界を創造された目的は、愛の相対を探して立てるためでした。

＊

天の父母様は、人類を愛したいという夢を抱いて天地を創造なさいました。

＊

絶対者、創造主によってつくられた万物も、創造主の愛を受け、創造主と一つになることが目的です。

＊

天の父母様の夢は、人類の真の父母になることです。天の父母様は、地上で真の父母を通してこれを実現しようとされました。

＊

神様の夢は、七十数億の人類が平和で幸福な世界を築き、新しい心情文化革命を起こして、神様の愛に感謝する生活を送るようになることです。

＊

神様は永遠性をもって創造された人間を捨てるわけにはいきませんでした。人間を捨てて再び創造するほうが、むしろ易しかったはずです。

＊

堕落した人類を（天は）捨てることができません。どのようにしてでも、御自身の創造理想を成就しなければなりません。ですから天は倍の苦労をされたのです。

＊

神様の夢は、人類の真の先祖、真の父母になることでした。そうであるとすれば、個人救援だけということはありえません。家庭救援です。

＊

神様の願いは、人類を復帰し、神様のもとの一家族を成し遂げて、真の愛と真の生命、そして真の心情の天宙共同体をおつくりになることです。

＊

天の父母様と真の父母の夢を成し遂げるためには、世界七十数億の人類を、真の父母を通して天の父母様の子女として立てなければなりません。

＊

天の父母様の夢、真の父母の願い、人類の本心が望むことは、神様を中心とした人類一家族です。

＊

本来、創造主・天の父母様が夢見た美しい世界、平和な世界、地上天国は、愛する息子、娘と永遠に一緒に暮らす世界です。

＊

真の父母の願いは、天の父母様の夢をかなえてさしあげることです。

＊

私は、「生涯を終えるその日までに、この地に必ず天一国を安着させる」と、真のお父様と約束しました。そしてその夢は、今や私だけの夢ではなく、皆さんの夢となって、共に成しているのです。

＊

いつでも行きたい、とどまりたい場所、温かい母親のような教会をつくることが、私の夢です。それは、真のお父様が描いた夢でもあります。

＊

各自、個人の夢があるでしょう。自分を中心とした夢には限界があります。しかし、真の父母の教えと天の父母様の事情を理解して、皆さんの夢を育むならば、歴史的な人物になるでしょう。

＊

やることのない人ほどかわいそうな人はいませんが、私たちはやることが多いので幸福なのです。そのような幸福を皆さんの周りと分かち合い、天の前に大きくお返しするという大きな夢を持つよう願います。

＊

私に従い、私が指示するとおりに行うならば、天が共にあります。そうすれば、皆さんの夢もかなうことでしょう。

＊

あなたたちが父母様の夢を広げなければなりません。

＊

皆さんを通して環境創造を広く、大きくしていくに従って、皆さん各自の夢が成されるのです。

心　情

神様の観点の核心は、心と心情、精神の限りを尽くして子女を愛する父母の心情、母や父の心情と関連があります。

＊

父母は子女の安寧のためにすべてのことを犠牲にできますが、神様も同じです。

＊

親は、子供たちが自分以上に立派になることを願います。このような心は神様から来たものです。神様も、御自身が創造した子女である人間が、自分以上に、もっと立派になることを願っていらっしゃいます。

＊

人間始祖の堕落により、「私の息子よ！　私の娘よ！」という一言を叫ぶことのできなかった神様が、私の父であり、私の母でした。それが天の父母様でいらっしゃったのです。

＊

神様は、七十数億の人類が復帰され、地球の至る所にあまねく平和世界が成される時まで、安息することができません。お休みにならないのです。

＊

怨讐《おんしゅう》としてのみ相手を考えてしまえば、許すことはできないでしょう。しかし、父母の立場、母の心情に立てば、許すことができるのです。

＊

刑場に出ていく息子を救うためなら、母親は国の法すら変えたいと思います。それが本然の父母の心です。

＊

母の立場は、惜しみなく子供のために与え、また与え、また与えます。そのように施してもなお、「私がお母さんなので、子よ、良いもの、あらゆるものを私に持ってきなさい」とは言わないのです。

＊

真の愛を中心として心情の絆《きずな》を結んでこそ、父母の思いが分かるようになります。父母と一心、一体、一念、一和を成すようになるのです。考えと感情と言葉と行動が一つになって表れます。

私たちが行くところには、天の父母様、真の父母が共にいることを忘れないように願います。

＊

神様の心情を考えれば、自分が受ける試練や苦痛は、あまりにも軽いと思うことができなければなりません。

＊

誰であっても、自分自身を取るに足らないものとして扱ってはなりません。宇宙の聖なる作用によって生まれた貴い存在であることを心の底から悟るべきなのです。

＊

神様のみ前に立つとき、宗教の名前やその中における地位で評価されるのではなく、一人ひとりの心情と、神様の摂理に対する献身の質によって評価されるのです。

真の愛

神様の愛は、すべてを与え尽くしても、与えたという記憶すら忘れてしまう愛です。そして、永遠に与えたとは判断されないのです。

＊

神様は一〇〇パーセント与えたからといって、決して満足されません。御自身が持っているものの千倍をあげたとしても、それ以上に与えようとされます。

神様の愛に酔えば、砂粒一つを千年見つめても飽きません。自分の手を見つめれば、自分が黄金の板に横たわり、黄金の光を発しながら寝ていると感じるようになるのです。

＊

神様は絶対者であり、唯一、不変、永遠なるお方です。そのみ旨も同じです。もし人間始祖アダム、エバが神様の愛で一体になったなら、万事は完全、完成なのです。

＊

被造物の愛の理想と神様の究極的な愛の理想は、別個ではありません。人間世界の男性と女性の愛の完成を通して、神様の絶対愛が完成するようになさったのが創造原理です。

*

私たちに必要な愛とは、絶対的な愛であり、真の愛です。真の愛とは、ために生きる愛、すなわち仕えてもらうことを願うのではなく、他者に仕える愛です。

*

真の愛とは、愛の中でも神様を中心とした絶対的愛のことをいいます。すなわち、愛せないものまでも愛するのが真の愛です。真の愛によれば、怨讐《おんしゅう》までも愛さざるをえなくなるのです。

*

真の愛とは、絶えず許す愛です。

*

真の愛はどこから始まるのでしょうか。自ら命をなげうった後、再び復活し、三回以上さらに投入しようというところから真の愛が始まります。

*

真の愛とは投入する力です。与える力であって、受けるだけの力ではありません。

*

良いものを与えても、それを誇りに思うのではなく、もっと良いものをあげることができなかったといって申し訳なさを感じるのが、真の愛です。

*

真の愛は、創造と繁殖と発展の原動力となります。

＊

真の愛は最も絶望的な状況においても、希望と勇気を呼び起こします。

＊

本来、真の愛は経験を通して得て、体恤《たいじゅつ》を通して分かるようになっていました。真の愛は、言葉や文字、あるいは一般教育を通して体得できるものではありません。生活を通してのみ、完全に体得するのです。

＊

真の愛は、与えて、それを忘れてしまうとき、花咲きます。愛は与えれば与えるほど、減るのではなく、永遠に枯れることなく湧き続ける泉の水のように、さらに豊かになっていきます。

＊

多くのものは投入すれば消耗し、終わってしまいますが、真の愛は投入すればするほど大きくなって、さらに増し加わって返ってくるのです。

＊

人間が求めるものの中で、最も貴いのが愛です。人はみな、貴い物、貴い人、貴い愛を求めて生きていくのです。真の愛を抱けば、いかなる悲しみと苦痛も、喜びに昇華します。

＊

国際化と世界化の趨勢《すうせい》の前に大きな障害要因となるのは、極端な個人主義と利己主義です。その道に突き進む人の心は、真の愛によってのみ克服することができます。

＊

今日、人は道徳心を失い、物質万能主義に陥って、苦しみあえいでいます。

これらすべての痛みは、自分を捨て、他のために生きる真の愛によってのみ、治癒されるのです。

＊

真の愛のもとでは、個人はもちろん、社会や国家の間にある対立や葛藤さえも完全に超越して、溶けてしまいます。そうして、真なる平和が成就されるのです。

＊

より大きなもののために犠牲になればなるほど、愛の等級が高まっていくのが原理です。

＊

愛は無限に運動するので、与えたという記憶がとどまっていてはいけません。与え、また与え続けても、記憶に残っていないがゆえに、無限に湧き出て流れていくのです。

＊

お互いが完全に愛し合うということは、相手が自分の中にいて、自分は相手の中にいるということです。

＊

愛があるところには葛藤がありません。

＊

人間は誰でも、自分の愛する者が自分よりも、もっと立派になることを願います。

＊

愛を受けようとする思いが、愛を与えようとする思いに変わるとき、平和な世界が訪れるのです。

＊

私たちが完全に愛で一つになれば、神様に似るようになります。

＊

すべての人を自分の父母、自分の兄弟、自分の子女のように感じ、接することのできる人格体になれば、皆さんは死の世界で苦しむ多くの民を見るとき、涙なくして向き合うことができないはずです。

＊

愛が先ですか、生命が先ですか。愛が先です。人間の生命は愛によって、愛の理想を中心として受胎したものです。人間の生命の本質が、正に愛なのです。

愛と良心のどちらが大きいかといえば、愛が大きいというのです。良心は愛から始まったので、愛のほうがより大きいといえるのです。

＊

心の世界の真の愛を中心として、共鳴体になるように創造されたのが体です。

＊

真の愛を、自分自身の心と体に一〇〇パーセント吸収することのできる内容を持てば、心には神様の真の愛の根が芽生え、神様が感じたすべてのことに通じます。体は自動的に、そこに共鳴するのです。

＊

真の愛を中心として、心と体が一つになれば、皆さんは神様の愛の同伴者となり、永遠の対象になれます。そればかりでなく、神様の永遠なる愛を相続する者となるのです。

*

イエス様は、この地に来られて何をしたのでしょうか。迫害を受けて十字架で亡くなる中でも、人類を愛そうとされました。十字架を中心として愛を施すことに我を忘れて、逝かれた方です。

*

真の愛が行くべき道は、施しを受ける道ではなく、ために生きようとする犠牲の道です。

*

愛を否定されてももっと愛し、投入してももっと投入してこそ、怨讐《おんしゅう》を真の愛で自然屈伏させる位置まで進むようになります。

*

相手のためにしてあげ、他のために犠牲になろうとするところから、愛は誘発されるのです。

*

家庭の中で、おじいさん、おばあさんなど、十人の家族が暮らすとしても、最もために生きる者が家庭の中心となります。国において、愛国者も同様です。

*

家庭のために犠牲になる人は、家庭の愛を誘発させることができ、同志のために犠牲になる人は、同志の愛を誘発することができます。

*

他のために犠牲になれば、すべてを失うようですが、全く正反対です。むしろ愛の主体となり、すべての主人になるだけでなく、さらに高い次元に飛躍するようになります。

＊

より大きなもののために犠牲になれば、それに吸収されていくのではなく、かえってその大きなものの中心の場に立って、新しい次元を迎えるようになるのです。

＊

神様も、愛の相対を創造されるときは、御自身がために生きようとする立場に立ち、所有していらっしゃるすべてを一〇〇パーセント投入し、さらに投入したいと思われるのです。

＊

すべてを与え、零点（ゼロ・ポイント）の位置に入っていくのです。そこは完全に空いた場になるので、何が入ってきてもOKです。

＊

愛を本質として生まれた生命は、「ために生きる」のが天理です。人間は生まれた時から、相手のために生きているのです。

＊

人間は愛によって生まれ、愛の道を歩み、愛のために死ななければなりません。

＊

人生は、いつ終わるか分からないマラソンを走るようなものです。それを走り切るための力は、お金でもなく、名誉や権力でもありません。偉大な愛の力です。

＊

自分のためだけに生きる人は、すぐ壁にぶつかります。ですから、他の人のために与え、愛を持って生きなければなりません。

＊

真の愛の種をまず蒔《ま》いてこそ、のちのち真の愛の芽が生え、すくすく育つのです。

＊

自分を捨てなければ、真の愛を実らせることはできません。

＊

自分が持っている物を与え、愛を与え、さらには命まで与えても忘れる人が、神様の一番近くに行くことができるのです。

真の愛を中心にために生きる世界は、授受作用を通して完成されるのです。

＊

真の愛を実践する家庭と社会は滅びることなく発展します。

＊

霊界は真の愛の空気で呼吸する場所です。ために生きる真の愛を実践することができずに逝く人は、霊界で呼吸が苦しくなります。

＊

真の平和を実現するためには、決して見返りを望むことなく、まず自分が真なる愛を与えなければなりません。

＊

どうして、個人、家庭、氏族を愛するのでしょうか。全人類を愛するための教材です。全体を愛するための教材として、彼らを愛するのです。

＊

個人や家庭はもちろん、世界的に「愛を受けるのではなく、愛を与えよう」と考えられる人を育てておかなければ、統一の世界や平和の世界が訪れることはありません。

＊

皆さんの人生において、愛を受けようという方向から、愛を与えて生きようという方向に転換し、その基準が世界化されれば、平和の世界が訪れるでしょう。

良心

心の中には、私たちを愛してくださる神様がいらっしゃいます。その本当の声を聞くことができなければなりません。

＊

人間の本心というのは、百をもらったら、返す時は十を取って九十を返すということはしたくありません。一〇〇パーセント以上、一二〇パーセント以上返したいというのが本心です。

＊

愛の本体である天の父母様は、常に私たちを助ける準備をしていらっしゃいます。すべてのことは、「私」自身に懸かっています。良心を目覚めさせなければなりません。良心は第二の天の父母様です。

＊

私たちにとって最も近い師は、自分の心（良心）です。困難にぶつかったり、困惑するようなことが起こったら、心に尋ねてみればよいのです。

＊

真の父母を中心に迎えて一つになって真の愛を実践する場では、すべての自然万物、すべての人々の心に平和を感じさせるようになります。良心作用によって、何が正しいのか分かるようになるのです。

＊

良心は「私」を中心として、私が生まれる前から私と共に存在します。私を愛しながら、永遠に神様の子女として解放しようとするのが、その使命なのです。

良心は「私」において、父母よりも近い立場に存在することで、永遠なる愛をもって、永遠に神様の懐に抱かれることを願っているのです。

＊

良心が神様を占領したら、それで終わると思いますか。神様よりも大きいものがあるなら、より大きなものを占領したいのが良心の欲望です。

＊

感謝

私たちの生涯が、いくら大変で疲れてつらくても、不平、不満はありえません。なぜなら、私たちの夢はそれより大きいからです。

＊

きょうをきのうよりもっと感謝し、明日はきょうよりもっと感謝しながら生きるために努力してきました。日々感謝する心を持つことが私の人生の目標でした。

＊

誰でも感謝の気持ちなくしては、天の前に進み出ることができません。

＊

この場まで皆さんを導いてきた天と先祖に対して、感謝する心を持たなければなりません。

＊

感謝する心、申し訳なく思う心、不足だと思う心、どこまでも努力しなければならないという思いを、自然に持つことができる人は正常な人です。

＊

幸福は、あらゆるものがそろっている状態で訪れるとは限りません。不足なものがある中でも感謝の思いを持てば、知らず知らずのうちに訪れてくるものなのです。

＊

豊かになれたことに対して感謝することも知らず、さらにお金を集めることだけに関心を持つ人になってはいけません。国や民族に深く感謝し、他の人を助ける人が、より偉大で豊かな者になるのです。

＊

神霊と真理で常に目を覚まして祈り、あらゆることに感謝する生活をすれば、天の父母様の声を聞くようになり、体中が震えるほど愛を感じるようになるでしょう。

＊

本当に一〇〇パーセント感謝する心であってこそ、心と体が統一されます。そして自らの周辺が幸福になるのです。

＊

私たちはみな、自分が生まれたことに対して深く感謝しなければなりません。この世に生を享けた人の中で、無意味に生まれた人はいないのです。

＊

自らの気持ちをきれいに整理して、悔い改めなければなりません。皆さんのお母さんに感謝し、神様に感謝してください。皆さんが感謝しながら生きるならば、すべてが美しく見え、幸福になります。

＊

天が下さったこの祝福の前に感謝する心で生活するならば、周囲をもっと幸福にし、それを家庭に、社会に、国家に、そして世界的に広げていくことができると確信しています。

＊

感謝は天運を受けるようにし、許しは人の心を開き、愛は人を動かします。万事に感謝し、怨讐《おんしゅう》までも許し、隣人を自分の体のように愛し、平和のために一つになりましょう。

生活

神様と真の父母が、表現しえない数多くの蕩減《とうげん》路程を経てこられ、勝利的基盤を立てられた環境が、私たちにはあるのです。

*

自分ではなく、他の人のことをまず考えるようになるとき、真の人生が始まります。

*

真の父母が手本を見せたので、そのように生きなければなりません。

*

父母様に似た生活をしなければなりません。そうしてこそ皆さんは、自分の環境圏をさらに広げることができ、主人の立場で歩んでいくことができるのです。

*

　第一に、感謝する生活をしなければなりません。すべてのことに感謝する生活は簡単ではありませんが、感謝する心によって、心と体が統一されます。心を空にして悔い改めるとき、感謝する生活が始まります。

*

　第二に、許す生活をしなければなりません。

*

　第三に、愛する人生を生きなければなりません。真の愛は、ために生きて、またために生き、投入して忘れてしまう愛です。

第四に、一つになる生活をしなければなりません。天の真の愛を中心として本心と良心が一つになり、心と体が統一されなければなりません。

＊

神様のみ意《こころ》によって与えられた人生を、価値あるものとして、忠実に、美しく生きなければなりません。

＊

すべてのことにおいて、主人意識がない人は流れていってしまいます。

＊

毎日皆さん一人ひとりが、すべての先祖と後代の前にどのような姿で立つのかを考えながら生きなければなりません。

＊

朝、起き上がって、「きょうは、誰々を生かさなければならない」と決意し、生かしてから、喜ばしい報告を天の前にできるような日々の生活でなければなりません。

＊

行動や言葉、すべての面で模範とならなければなりません。

＊

皆さんの行動や言葉は、まず相手のためを思い、配慮してあげるものとならなければなりません。

＊

透明性がなければなりません。口に出す言葉と行動が同じで、実践しなければなりません。言葉を慎重に扱わなければならないということです。

＊

これからは、言い訳をしてはいけません。難しいと弁明をしてはいけません。肯定的でなければならないのです。

＊

睡眠を主管し、食欲を主管し、非原理的な性的欲望を克服しなければなりません。

＊

「できる」、「やればできる」、「やった」、「成し遂げた」、このような生活態度が皆さんの中で習慣化されなければなりません。

＊

体を完全に主管し、この世界を統一できる実力を備えていく運動が、この地上で展開されなければなりません。

＊

自由と平和と統一と幸福があふれる真の愛の世界、すべて自ら進んで行動できる世界、それは私たち個人の心と体を一つにする、そのような立場から始まらなければならないのです。

＊

何が公的で、何が私的なのでしょうか。私たちの生活において天の父母様、真の父母が優先されなければなりません。

＊

日々、生活していく中で、天の父母様を忘れてはいけません。

＊

天の父母様に侍《はべ》り、真の父母に実質的に侍るのです。

＊

二十四時間、皆さんの頭から、胸から、真の父母が離れてはなりません。そのようにしてこそ、皆さんは子女であると言えるのです。

＊

自分（中心）の考えが入っていてはいけません。私が何かを命じれば、そこにすべてを投入するよう、心が整えられていなければなりません。

＊

怨讐《おんしゅう》を怨讐として考えず、むしろその人のために祈り、許すこと。これは、「自分がない生活」をしていてこそ、可能なことなのです。

自分自身の生活半径だけを見ている人々が、全世界、宇宙を見ることができるよう、目覚めさせてあげるのが皆さんの使命です。

＊

私たちはこの世界の人類にとって夢であり、希望です。皆さんが行く場所ごとに幸せな環境をつくらなければなりません。そこにおける中心は真の父母です。

＊

皆さんは生命を生かす人たちなのに、生命を殺してはいけません。兄弟と食口《シック》とすべての人々を愛で抱かなければならず、自分ゆえに統一教会（家庭連合）を出ていく人がいてはならないのです。

一分、一秒において、天国か地獄かが決定するということを考えるとき、皆さんは瞬間、瞬間を失ってはいけません。

＊

皆さんは完全に私と一つになって、「人類が志向する地上天国の人生は、こういうものである！」と見せてあげなければなりません。

＊

幸福は、自分だけが持っていれば小さくなり、分かち合うほど大きくなるのです。「私」によって、隣人や氏族、国家、世界が幸福になることができます。

＊

「愛天」とは、神様を愛するということです。真の愛と真理の本体であり、人格の原型であられる神様を正しく知り、そのみ旨に従って生きていくことです。

*

「愛人」とは、ために生きる生活を実践し、共に生きる市民精神を育むことです。

*

「愛国」とは、祖国を愛し、自分に与えられた才能を伸ばして、神の国をつくり上げていくことです。

*

健康になるためには、心と体の調和が何よりも大切です。その調和をもたらしてくれるのが信仰です。

＊

健康は、健康な時にこそ意識すべきなのですが、私たちはこのシンプルな心得を、いつも忘れて生きています。

＊

健康に最も大切なことは、常に肯定的で、喜んで、感謝の心で生きることです。

＊

精神的、肉体的な繁栄も私たちの使命であり、私たちが味わうべき喜びです。

＊

千年を一日のように（一日を千年のように）考えて生きるならば、できないことはありません。

＊

私たち一人ひとりは、いつか霊界に行きます。そのため、一瞬一瞬がとても貴重であり、限りなく重要なのです。

＊

統一運動の最も根本的な教えは、「ために生きる」です。

＊

子女や家族のため、妻や夫のため、全人類のため、全世界のために生きている、という思いを持ってこそ、自分自身が幸福になれるのです。

＊

ダンベリー精神とは、すべてを奪われて失ってしまった立場でも、天のみ旨に従って犠牲となり、許しながら、より大きな価値のために生きることです。

＊

どのようなものを犠牲にするかも大切ですが、それが何のための犠牲であるかが、より重要なはずです。

＊

持てるものをすべて与えても惜しくないという心で、隣人のために献身的に尽くさなければなりません。そうするとき、真の喜びが訪れるのです。

＊

私たちが誇るべきは、高価な財布に入っている真っさらな紙幣ではありません。その紙幣を誰のために、どのように使うかを悩み、正しく使うところにおいてのみ、本当の誇りが生まれるのです。

＊

郵　便　は　が　き

おそれいりま
すが、切手を
貼り、ご投函
ください

150-0042

（受取人）
東京都渋谷区宇田川町 37-18
トツネビル３F

（株）光言社
愛読者係 行

フリガナ
お名前
歳
性別
男・女

ご住所　〒

お電話（　　　　）　　　—
E-mail：

ご職業　1. 会社員　2. 自営業・自由業　3. パート・アルバイト
4. 団体職員　5. 学生　6. その他（　　　　　　　　）

※ご記入いただいた個人情報は、企画立案の参考およびプレゼントの発送以外の目的には使用いたしません。

光言社・愛読者カード

今後の出版企画の参考にさせていただきます。ご感想を送ってくださった方の中から、抽選で毎月最大５名様にプレゼントをお贈りします。ご感想は右のコードでも受け付けております。

書籍タイトル（お買い上げ日　　　　年　　月　　日）

●本書を何でお知りになりましたか

□ 広告を見て（紙誌名　　　　　　　　　　　　　）
□ 人に勧められて（　　　　　　　　　　　　　　）
□ 光言社 LINE 公式アカウント・情報アプリ Blessed Life を見て
□ 書店で見て　　　　□ ホームページを見て
□ ポスターを見て　　□ 当社からの Fax 案内を見て
□ その他（　　　　　　　　　　　　　　　　　　）

●本書の感想をお聞かせください（この項は必ずご記入ください）

●今後、どのような本を読みたいと思いますか

ご感想やご要望は、ホームページなどでお客様の声として匿名で紹介させていただくことがあります。ご了承ください。

＊光言社オンラインショップ　https://www.kogensha.jp/shop/

私たちは分けてあげるので、ますます大きくなるのです。もっと富者になるのです。もっと幸福になるのです。真の父母によって、そうなれるのです。

＊

皆が良いものを他の人に与えることができれば、喜びの世界となります。

＊

霧の中に閉ざされ、垣根の中に封じ込められた人間を、いかに解放するかということが問題です。霧を吹き飛ばす風が吹くようにしなければなりません。

＊

私たちが万民と万物に対して、「父母の観点」を開発して実践するならば、世の中は変わり始めます。新しい光の中で、他人を兄弟姉妹、家族の構成員として見るようになるのです。

＊

いかなるものも、ずっと投入してこそ大きくなるのです。そうなれば、より大きな国と世界が皆さんに抱かれます。

＊

毎日「家庭盟誓《カヂョンメンセ》」を唱えながら、何を考えて生活していますか。一日に一分一秒でも自分自身を振り返ってみて、「これではいけない」と悔い改めて反省する時間を持たなければなりません。

＊

悪とは、自分が利益を得ることを目的にして与えることであり、善とは、与えて忘れてしまうことです。

家庭

家庭は、私たち各自が生物学的に生まれた所であるだけでなく、配偶者として、父母として、子女として、兄弟姉妹として、最も基礎的で個人的な深い経験をする所です。

*

神様は愛の学校として家庭をつくられました。神様の創造原理に従えば、家庭は人間のすべての制度圏の中でも、最も基本的で必須の場所です。

*

私たちが愛について、社会関係と倫理について学ぶ場所が家庭です。

家庭完成は宇宙完成の基礎になるので、家庭で愛するように宇宙を愛すれば、どこでも無事通過です。

*

家庭は、世の中で一番大切で、幸福な場所です。父母がいるからうれしく、兄弟姉妹がいるから温《ぬく》もりを感じる所です。

*

家庭がなくては、人類は一つの種《しゅ》として生存できません。家庭が失敗すれば、社会、国家、世界も失敗します。神様を中心として結婚し、家庭の安寧を回復することで、世の中を回復させることができるのです。

*

家庭を率いていく夫と妻、すなわち父親と母親がその道理を果たしながら、この世界をより便利で豊かな福地世界として建設し、地上天国をつくることが、神様の創造目的なのです。

＊

私たちの家庭が行くべき道とは、理想的な家庭と氏族と国を復帰していくことです。したがって、理想的な国が出てくるためには、理想的な家庭がなくてはなりません。

＊

真なる父母と真なる夫婦、そして真なる子女が平和な家庭を築くなら、幸福は自然に訪れます。仲睦《なかむつ》まじい家庭を築くには、父母と子女、孫が心を一つにしなければなりません。

＊

祖父母、父母、子女、このように三代が、真の愛で一つとなって溶け合うとき、その家庭が初めて真の和動の園になるのです。

＊

真の愛は家庭を一つに保つ唯一の力です。夫婦が真の愛の中で一つになる時、その結婚は永遠となります。親が真の愛を持てば、子供たちのために喜んで自分を犠牲にします。

＊

幸福は、自分が暮らす家庭で平和を実現することにより得られます。

＊

父母は子女のために生きるようになっており、子女たちは父母のために生きるようになっています。また、夫は妻のために、妻は夫のために生きなければなりません。

父母と子女が一つになり、共にあるとき、その場に神様が臨在されるのです。

＊

良い環境というのは、み旨の中で純潔で美しく育つことができる所です。そのように、父母が環境創造をしてあげなければなりません。

＊

子女たちを愛と献身で養育しなければなりません。

＊

真の愛で育てられた子供は、親からの愛を相続し、成長してからは親を心から敬い、家族を尊敬するようになります。

＊

正しい家庭で正しい教育を受けて育つ子女であってこそ、天のみ旨を果たすことができる精兵になるのです。

＊

健全な国であると言うためには、国民の家庭が健全でなければなりません。ですから、家庭連合は健全な家庭を強調するのです。

＊

神様の真の愛を中心とした家庭こそが理想的な社会、国家、世界を築く基礎となります。

＊

天国は、家庭が入る所です。夫一人がよく信仰しているといって、入る所ではありません。夫と妻、家族が一緒に入る所が天国です。

*

私たちは父母の愛を受け、夫婦の愛を交わし、子女を愛することによって、内的な愛の世界に蒔《ま》かれた神様の愛のすべてを、一生をかけて実を結ばせ、収めて、あの世に行くのです。

万物愛

私たちは地上生活を、創造主であられる本来の主人、天の父母様の所有物を借りながら生きているのです。それが、この現実です。

私たちには万物を主管し、生活を豊かにする責任があります。

*

万物の霊長と言われる人間が、万物を主管できる立場に立とうとすれば、必ず神様の心情を身代わりする位置に立たなければなりません。

*

環境のための適切な責務と保護は絶対に必要です。気候変動、海面上昇、森林破壊、砂漠化、きれいな水の供給不足、栄養不足、そして食糧費の高騰などに対して、私たちは即時に注意を傾けなければなりません。

*

生命の綱のような空気と水を保護し生かしながら、人間の無知によって地球が荒廃し、予想できない気候変動によって、多くの生命が死んでいくのを防がなければなりません。

＊

人間の無知を悟らせて、環境をしっかりと保存しなければなりません。死にゆく地と海を救わなければならないのです。

＊

天の父母様が全力を尽くして創造されたこの美しい創造世界をしっかりと保存しなければなりません。

成長

無知には完成がありません。知らなければならず、学ばなければなりません。

＊

自分は正しく、自分は真実で、自分は完璧だと思う人がいるでしょうか。みな不足な人たちです。

＊

自分というものがあってはいけません。謙遜でなければなりません。自分は偉いと思ってはいけません。周辺のすべての人から学ばなければならないと考えるのです。

皆さんは独り娘・真の母と、ひまわりのように一つになった位置で立派に成長して、平和と統一の環境圏をつくり出さなければなりません。

＊

神様の前に偉い人はいません。天地人真の父母の前に偉い息子、娘はいません。まだ皆さんは成長過程にあります。

＊

地上でどのように成長して、どのような生涯を生き、お互いに愛し合いながらどのように一つになって、天の父母様に喜びと頌栄《しょうえい》を捧《ささ》げるかを考えなければなりません。

＊

美しく、善良に、威厳を持って成長しなければなりません。天の父母様、真の父母に侍《はべ》る者として威風堂々とあらねばなりません。

*

覇気がなければなりません。若さとは、勇気を持ち、はつらつとして、決心したならば実践することです。

*

天一国の民は、日々、真なる父母、真なる師、真なる主人になるために努力しなければなりません。

*

真の師は神様の心情を理解するだけでは十分でありません。神様のみ旨と摂理歴史の方向、原則、目的も知らなければなりません。

＊

私たちが真の師になることによって、善を繁殖させ、世の中を変えることができます。真の父母の心情と真の師の心情を啓発する人が真のピースメーカーです。

＊

皆さんの能力、創意力を探してみてください。皆さん自身が発見しなければなりません。

＊

人が真なる父母になり、真なる師になり、真の主人にならなければならないとすれば、そのような世界最高の基準、そのあらゆるモデルの中心は誰でしょうか。その方こそ、正に神様です。

未来

真の主人は、責任感を持ち、未来の世代をはじめとする他のために生きる生活をする人です。

*

私たち人間の肉身には限界がありますが、天の摂理は永存するので、私たちの子女をよく養育して、天の父母様の摂理の中で一つの世界を継続して受け継いでいけるモデルをつくらなければなりません。

*

私たちの未来を考えれば、希望的です。皆さんは自信を持つべきです。真の父母を誇らなければなりません。そうしてこそ、皆さんの子孫が坦々《たんたん》たる大路を進むことができることでしょう。

＊

自分の代を引き継ぐことができる、そのような子女、後継者をたくさん育てなければなりません。そこに皆さんが、知恵とすべての経験を動員して、最善の結果を結ぶように努力してくれることを願います。

＊

私たちには、私たちの二世、三世、未来があります。未来に見せてあげられる先祖として、父母としての責任を果たさなければなりません。

＊

皆さんの子女は天一国のピュア・ウォーターです。どうか未来の天一国を担って進む、成熟した指導者として成長させるように願います。

過去の服をすべて脱ぎ捨て、未来に希望を与えられる服に着替えなければなりません。

*

現在の問題を解決しながらも、同時に幸せな未来をつくり上げていくことこそ、私たちが今、取り組むべきことです。

*

愛する心があるならば、死生決断しなければなりません。その人だけが死んだり生きたりするような問題ではないのです。その後孫のことを考えなければなりません。

*

今日を生きている皆さんは、これが皆さんだけの人生だと考えてはなりません。過去を連結し、若者たちに、希望となる未来世界を開いてあげなければなりません。

*

平和の範囲を未来にまで広げなければなりません。たとえ私たちが直接会うことのない子孫であったとしても、彼らが幸せな人生を送れるようにしなければなりません。

信仰

信仰は、永遠なる神様の愛を追求します。永遠なる生命と愛とを一致させるため、神様の喜びと「私」の喜びが出合って、一つの喜びとして感じられる決着点を見いだしていくのが信仰の道です。

＊

永遠なる生命の世界を求めるのが、信仰生活です。

＊

神様を私たちのすべての思いと行動の中心的位置にお迎えするときにのみ、その結果は善のものとなり、新しい歴史創建の主役になるのです。

＊

神様の前で自分のことを弁明する資格などありません。困難にぶつかればぶつかるほど、絶対信仰、絶対愛、絶対服従をしなければなりません。

＊

天の父母様の願いは、人間始祖に願ったように、絶対信仰、絶対愛、絶対服従です。

＊

小さな力、小さな精誠でも真の父母と一致しうる瞬間を、皆さんは逃してはいけません。皆さんの残された生涯を、名もなく光もなく流れるままに放っておいてはいけません。

＊

「誰かが私を手伝ってくれるだろう。奇跡が起こるだろう」と安逸な考えをしてはいけません。皆さんに天のみ手が届くように、相対基準を立ててさしあげなければなりません。

＊

天の声に耳を傾けなければなりません。心の目で見てこそ、見え、塞がれた耳を開いてこそ、聞こえるのです。

＊

私たちの心と体が闘うことなく真の統一の起源を形成できる可能性を持っているのは、人間が神様に似た子女だからです。

＊

自分が過去にどのようなことをした、今現在、どのようなことをしている、そして、自分の知識水準はどの程度である。このようなすべてのことを下ろしてしまって、無から、いかにして心と体が一つになった統一された位置に進みうるかを考え、努力しなければなりません。

＊

垂直の場において精誠を尽くし、祈祷し、三、四倍の力を心に受けて、体に対して自由に処理し、三年ないし五年かけて、心のままになせる習慣性を身につけなければなりません。

*

私たちは真の父母が立てた伝統を、絶対視、生命視しなければならず、子孫万代まで相続し、伝承させなければなりません。

*

（草創期には）父母様と夜を明かしながら一緒にいたいと思ったし、父母様が願われることなら、そのとおりにしてさしあげたいと思ったのです。誰かが強要しなくても自らそのようにしたのが、草創期の信仰生活でした。

*

大母《テモ》様の人生を学ばなければなりません。勉強しなければなりません。生涯、私心を持たずに生きてこられたのです。

朝の敬拝後に特別精誠を捧《ささ》げたり、特別に期間を決め、氏族と国と世界、神様のみ旨を成し遂げるために精誠を尽くしたりすれば、新たな道が開かれることでしょう。

＊

父母様は皆さんにすべてを与えました。皆さんの報告が、天が応えられる境地まで達するには、さらに精誠を尽くさなければならないでしょう。

＊

皆さんの精誠に、神様は感動し、サタンは降伏します。

＊

天に積む精誠（の結実）はすべて、皆さんが後代を通して受けるのです。

＊

一つ間違いのないことは、信仰の本郷地、平和と統一の本郷地というのは、真の愛を中心とした祖国と故郷であるということです。

＊

皆さんは誇りを持って、真の父母と共に全霊界を動員して働くのだという自信を持たなければなりません。

＊

霊界の協助を受けられるように努力しなければなりません。今からは皆さんの先祖が、皆さんを放っておかないでしょう。

＊

今は、私たちが霊界を実感しながら生きる時です。皆さんが霊界と相対基準さえできれば、一〇〇パーセント役事されるという話です。

＊

これから、真の父母を中心として縦的基準を立て、絶対信仰・絶対愛・絶対服従の立場で皆さんがいかに人生を生きたかという記録が、地上にも残り、あの世にも残るでしょう。

＊

皆さんは六千年間耐えて待ってこられた天の父母様の前に最善を尽くして、天の父母様から「それでも、あなたたちがいたので真の父母の体面が立った」というみ言《ことば》を頂かなければなりません。

み言

真の父母のみ言は草創期から今日まで同じです。表現が時代によって異なることもありましたが、中心となる内容は一つです。天の父母様と真の父母の目的が一つだからです。

*

お父様が残されたみ言を完璧に整理整頓しようと思います。そのようにすることが、お父様の願いであり、私の願いです。

*

真の父母のみ言は、私たちが毎日奉読すべき教科書です。一日の生活の指針書です。み言を読めば、皆さんがきょう何をするべきかという考えが思い浮かぶことでしょう。

み言《ことば》こそが天一国の実質的な中心となります。実であり柱です。このみ言と皆さんが一つとなって、皆さんが与えられた位置で、責任と使命を果たしていくならば、どれほど天がお喜びになるでしょうか？

＊

真の父母のみ言とみ旨を知らなければ一つになれません。私たちが目標としていること、計画していることを必ず成就しなければなりません。躊躇《ちゅうちょ》してはいけません。

＊

み言の深さを感じれば感じるほど、涙なしには訓読をすることができないでしょう。毎日み言を訓読するならば、皆さんの心情が変わることでしょう。み言の味が変化します。

*

真の父母のみ言どおりに生きようと努力しなければならないのに、そのみ言を歪曲《わいきょく》して自分を中心として生きていく哀れな群れもいます。皆さんは賢明な人になってくれたらと思います。

*

ただ真の父母のみ言を通して、真の父母の心情世界と一つになった立場で、天の父母様の夢をかなえてさしあげるのです。

*

本心の声にいちばん近い言葉が韓国語です。

*

数十億の人類が使う言葉はすべて違いますが、神様の心の琴線に触れ、心情に響く言葉は韓国語です。神様を解放してさしあげる言葉が韓国語なのです。

＊

韓国語を学ばなければなりません。真の父母の言葉が直接は分からないというのは、子女として恥ずかしいことです。

伝道

今日、人間の力では限界に到達しました。本来、人間は、宇宙の主人であられる創造主、神様がどのようなお方かを知らなければなりません。そうしてこそ、すべての問題が解決されます。

*

どのようにして世界を一つにするのでしょうか。その方法は、本質を教えてあげることです。神様について分かるようにしてあげなければなりません。

*

残りの生涯で、天の父母様の願いと私たちの願いが地の果てまで届き、天の父母様を知らない人がいないようにしなければならないのが、私たちの責任です。

*

同じ時代に生きながら、真の父母が来たことも知らず、天の祝福と恩賜があることも知らないまま生きる人がいないようにしなければなりません。

*

全世界に起きている様々な問題も、中心に真の父母を迎えなければ、何も解決されません。そのことを知らせてあげるべきです。教育しなければなりません。

＊

七十数億の人類は孤児です。孤児に親を教えてあげるのに、何の問題があるでしょうか。

＊

皆さんの国で、世界で、真の父母が顕現したことを知らせなければなりません。真の父母によってどのような摂理が全世界的に成し遂げられているかという事実を悟らせなければなりません。

＊

皆さんが大きく深く根を下ろすには、氏族メシヤの責任を果たさなければなりません。それは、伝道をしなければならないということです。皆さんの環境圏を広げなければなりません。

*

愛を中心として、神様、真の父母のみ言《ことば》によって生まれ変わるのです。そうして、神様のように、真の父母のように環境を創造しなければなりません。環境創造は皆さんが行う伝道によって成されます。

*

私たちは、天一国という目標に向かって環境創造をしなければなりません。伝道をしなければなりません。私たちが避けることのできない責任です。誰かに押しつけることはできません。

*

早い時期に世の人々の前に、統一教会（家庭連合）は健全で、成長し、発展し続けていることを示して、人々が自ら訪ねてくるようにしなければなりません。

＊

成就した摂理の実績を見て、「自分が最後に身を置くべき所はここだ！」と心が案内して訪ねてくる群れ、自ら訪ねてくる群れがつながるようにすることも必要な時代です。

＊

環境創造がよくできたところでは、一言語るだけでも十のみ言《ことば》が分かるようになります。

＊

教会が黄金の卵を抱かなければなりません。その黄金とは、お金のことではないのです。天が必要とする貴い子孫、貴い人材を生む使命を果たさなければなりません。それが伝道です。

＊

もし、皆さんに運がなかったとしても、一生懸命に伝道をすれば、運を持っている人に出会うようになっているのです。そうなれば、皆さんも（その人から）その運を分けてもらえるのです。

＊

二十四時間、精誠を込めて、一人でも多くの人を神様の前に導いてください。そのように生きれば、それが永遠なる生命の財産となるのです。

＊

インターネットがあるので、世界中が一秒圏内にあります。年を取って（動き回る）気力がなくなった人も、インターネットを通して伝道できるのです。

＊

私たちはじっと黙っていることはできません。あらゆる方法を使って、真の父母が来たことを知らせなければなりません。メシヤが来られたということを知らせなければならないのです。

＊

世界のすべての国、すべての民族が真の父母を知って、真の父母の教育と愛を受けるならば、世界が一つになるのは時間の問題です。

＊

兄弟を、隣人を愛さなければなりません。愛するということは、真の父母を知らせるということです。

＊

真の父母が、人類救援のために生涯を通じて開拓した業績を、世の中に知らせなければなりません。

＊

皆さんは誰よりも誇りを持って、自信を持って、真の父母を証《あか》ししなければなりません。

＊

堂々と真の父母を証しし、誇らなければなりません。それが、天の父母様の夢と人類の夢をかなえる一番の近道です。

＊

先に導かれた皆さんが、神様の事情と父母様の心情のこもったみ言《ことば》を一〇〇パーセント、他の人たちに伝えてあげなければなりません。皆さんには、み言を伝える責任があります。

「私」一人がみ言《ことば》を伝えることによって、隣人と氏族と国を天の側に返すことができるならば、どれほど貴いことでしょうか。

*

「原理」のみ言をもって重生させる道しかありません。人類にとって「原理」のみ言は薬です。私たちがいかに行動するかによって、歩みを早めることができるのです。

*

善良な人たちは準備された人生を送ります。天はそのような人たちをたくさん育ててこられました。そのような人たちを探し出さなければなりません。

*

人を探し出せば、私たちが必要とするものはすべてついてくるのです。

＊

皆さんの目標は、皆さんが生かしてあげるべき氏族であり、さらに、摂理にプラスになるような人物です。

＊

もう一度、草創期にみ言に触れた、その燃える心情で、「私によってこの国が祝福を受け、世界七十数億の人類が真の父母様に出会うことができる道を開いた」という、祖先の位置に立つことを願います。

＊

無知な人には発展がなく、完成もありません。ですから、教えてあげなくてはならないのです。その責任が皆さんにあります。

仕事もしなければなりませんが、永遠なる世界でお父様が記憶なさる人になろうとするなら、伝道をしなければなりません。それが、皆さんの後代のためにもなります。

＊

皆さんだけが祝福された立場にいてはいけません。祝福はより広げるほど、皆さんの幸福が一層大きくなるということを知らなければなりません。

＊

行く道を教えてあげなければならず、見せてあげなければなりません。

＊

今、世界中が混沌《こんとん》状態にあります。方向性が見えません。私たちが乗り出さなければなりません。一分一秒を惜しんで、一人でも多くの生命を救うことのできる道を模索しなければならないのです。

＊

滅亡の一途をたどる人類を危機から救うこと以上に、緊急で重要なことがどこにあるでしょうか。

＊

私たちの隣人と隣国、世界がすべて、真の父母に侍《はべ》り、天の父母様を迎えて幸せな地上天国、天上天国を開かなければなりません。

＊

皆さんは、先に天の召命を受けた者たちです。召された者には責任があります。先に知った者は、知らない人を教育してあげなければなりません。それが伝道です。

腐った果物を食べている人に、新鮮な果物を食べなさいと言えば、嫌がる人がどこにいるでしょうか。世の中の人々にも選択する機会を与えなければなりません。それが皆さんの責任です。

＊

真の父母を知らせるための教育をして、真の父母によって新しい生命に生まれ変わる祝福家庭になれるよう、導かなければなりません。

＊

皆さんは、み旨を知らない皆さんの隣人たちを、さらには国々を教育し、天の父母様、真の父母のみ旨と一つになれるように導かなければなりません。

＊

世界万民が、真の父母と共にこの時代を生きていることに感謝し、天に侍《はべ》る立場で生きるように導かなければなりません。

*

お金をたくさん儲《もう》けることよりも、人の生命を生かすことのほうが貴いということを知らなければなりません。

実践

皆さんはいかなる逆境にぶつかったとしても、「自分はやる」ということを認めますか。「私」という一人の存在は、自分一人だけの存在ではありません。神様がつながっており、人類がつながっているのです。

目的がなければならず、目標が確実なものにならなければなりません。

＊

今、世界の人類を思うなら、私たちはさらに、行くべき道を急がなければなりません。一瞬も、一秒たりとも休むことはできません。

＊

ただ言ったからといって、すべてが成されるものではありません。宣布したからといって成されるのではなく、実践し、動きながら、成果を収めていかなければならないのです。

＊

忠孝烈の位置には、ただ口先で「やる」と言って立てるものではありません。行動で実践しなければならないのです。

*

真の父母を中心に迎えて絶対信仰・絶対愛・絶対服従で、人生の最期の瞬間まで一途な心、不屈の姿をもって、忠孝烈の隊列に必ず加わると誓いながら行動し、実践するのです。

*

私たちは、神様の夢を実現してさしあげる立場にあるがゆえに、幸福な人たちです。私たちはすべてのことを知っているのですから、真の父母が見せたとおりに実践していけばよいのです。

*

皆さんの行動と責任（遂行）いかんによって、希望をどれほど広められるかによって、永遠なる世界における皆さんの位置が決まるのです。

真理と善の声が沈黙しないことが、とても重要です。この世の中を変えようと思えば、真理を教え、真理を実践しなければなりません。

＊

皆さんが霊界に行ってどのような生活を送るようになるかは、地上で皆さんがどのように行動し生きるか、どのようにために生きる真の愛を実践したかにかかっています。

＊

恐れないでください。真の父母の名を懸けて皆さんが行うところには、霊肉界が共に同参することでしょう。

＊

摂理を発展させるための精誠と犠牲は、天が決して忘れないでしょう。

一体化

私たちは一つにならなければなりません。心と体の統一が重要であり、「私」と隣人が一つにならなければなりません。一つの心と一つの志で暮らさなければなりません。

＊

父母様がいるので、一つになることができるのです。

＊

大きな川の流れになって、大海に早く流れていくためには、その行く道において、すべての支流が合流しなければなりません。

＊

一人よりは何人かが一つになれば、力が合わさって強くなります。ですから、私たちは一つの目標に向かって、一つとなって進まなければなりません。

＊

私たちの目標は一つです。真の父母と一つになった国、神様の祖国を建設するという目標に向かって、一つにならなければなりません。

＊

一糸乱れず一つの心、一つの志を持って、「原理」を中心として進んでいくのです。

すべてを消化して抱くまでには準備と実力が必要です。少ない人数で大きな効果を上げようとするなら、一つにならなければなりません。

＊

お互いの苦労と精誠を慰労し合うことのできる、ために生きる真の愛を実践する心が行動として表れれば、人が一つになるのは簡単です。

＊

力による統一や、相手を不安にする統一はありえません。相手のために与え、また与える真の愛による統一とならなければなりません。

＊

私たちが一つになるためには、過去に過ったことは認め、「間違ったので、今後は未来のためにしっかりやろう」と、手を取り合って進まなければなりません。

＊

私が言いたいのは、天が立てた中心人物と一致しなければならないということです。自分の考えや欲があってはいけません。

＊

一つになれないのは、中心がないからです。

＊

兄弟が一つになるためには、必ず父母が中心にならなければなりません。父母を中心に迎えなければ、兄弟は一つになることができません。

＊

親のいない時は、兄弟間にけんかが起きやすいものです。けんかが絶えないのは、親の心をよく酌み取ることができないからです。真の愛を中心として心情関係を結んでこそ、親の心が分かるのです。

*

父母なくして、兄弟間の平和はありえません。父母こそ、兄弟の中心だからです。人類の父母であられる神様なくして、この世界に真の平和は訪れません。

*

神様は人間の父母であられます。父母に侍《はべ》るところでは、兄弟がいくら多くても一つになることができます。

*

神様と真の父母を中心として一つになって共に進めば、真の愛と真の幸福、そして真の平和の世界を建設することができます。

＊

怨讐《おんしゅう》までも許し、隣人を自分の体のように愛して、平和のために一つになりましょう。私たち全員の力を合わせて、人類が一兄弟姉妹となって大家族をつくるその日まで、力強く勇敢に進んでいきましょう。

＊

私たち統一家は、人種、国境およびいかなる障壁も軽々と越えて、一つの兄弟姉妹になることができます。ために与えて生きる人生の見本を見せれば、間違いなく成すことができる夢なのです。

忍　耐

神様は、サタンの側に回った人類を打つことができないので、人類を取り戻すために、天の側が打たれて奪ってくる作戦を取ります。

＊

神様の作戦は常に、先に打たれてから取り戻してくるのです。

＊

神様のみ旨に従って、私たち夫婦は、世界的変化の基盤をつくりました。霊的・道徳的覚醒を成し遂げるために、自らと家族を捧《ささ》げて、半世紀を超える歳月を送ったのです。

＊

時には、ゴールまで行くのは本当に不可能なのではないかという思いさえありました。その使命を果たして、神様の期待に応えるためには、非常に難しい試練と苦難と絶対的な信仰が必要でした。

＊

私に必要なことは、真に倦《う》むことのない不屈の信仰と決意と忍耐であり、それが今日の私自身をつくり上げたといえるでしょう。

＊

私は自分が果たすべき使命をよく理解していたので、祈りをもって、それらの苦難を乗り越えていきました。

＊

（それは）非常に困難な試練と苦難の中で忍耐した時であると同時に、その時こそが、神様の恵みに満ちた、実に神様が共におられるということを実感できた時でもありました。

*

私の人生において、正に天国と地獄をすべて通過してきたのですが、そのどちらも、神様が期待される完全に成熟した人格を形成するために必要なものでした。

*

完成に向かって苦悶《くもん》してきた成長期間が終わり、今や天が願っておられる基準に到達した私がその当時を振り返ってみるとき、その苦難に満ちた記憶のすべてが喜びに変わりました。

*

人の上に君臨して安穏《あんのん》とする場では、決して神様に出会うことができません。神様は、自分よりも苦しんでいる人のために黙々と動く場に、訪ねてこられるのです。

＊

天国に行く道において、天国的な面だけを期待してはならないということです。地獄のような面も当然、予期しなければならないのです。

＊

もうこれ以上、下がりようがないと感じる、一番低い位置が、最高に跳躍し、飛躍することのできる瞬間であるということを忘れてはなりません。

＊

誰であれ、天国への道のりで、甘く楽しいことばかりを手にすることはできません。信仰的な苦難こそ、神様の恩恵を感じられる最も貴い祝福です。

＊

皆さんが生涯かけて、生を終える日まで行くべき道は、忍耐です。忍耐と愛、そして一つになることです。誰と一つになるのでしょうか? 独り娘・真の母と一つにならなければなりません。

＊

何事も早急に決定したり考えたりせず、すぐに反発しないようにしなければなりません。そうすれば、どんな難しい試練も、喜びに一変することでしょう。それこそ、いつの日にか誇りとなるのです。

＊

試練に打ち勝ってこそ、真なる人間として新たに生まれ変わることができます。忍耐という苦い種が一つ一つ実を結び、いつの日か、光り輝く誇りとなるのです。

＊

勝利と忍耐の記録こそ、いつの日か皆さんの誇りとなるでしょう。

＊

皆さんが今、苦労をするならば、皆さんの子孫は多くの祝福と恩賜を受けるでしょう。その場の目先のことだけを見ずに、未来を見つめるのです。

祝福結婚

結婚するのはなぜでしょうか。神様の姿に似るためです。

＊

男女が結婚するのは、真の愛を中心に互いの世界を横的に所有するためであり、縦的には神様の愛を所有するためです。

結婚の目標を、真の愛のために探し求めていかない限り、永生の方向が違ってくるということを知らなければなりません。

*

結婚とは、互いに不足な部分を補い合いながら、相手のために一生懸命、生きていくことです。

*

自分よりもはるかに恵まれない人、さらには自分の怨讐《おんしゅう》の国や民族、家系の人と結婚するときこそ、正に神様の役事が起こり、天運が宿る幸福が訪れるのです。

*

堕落した人類としては、神様のみ前に帰ることができません。勝利した真の父母によって、生まれ変わらなければならないのです。

＊

真の父母によって新たに生まれてこそ、神様の前に真の子女として立つことのできる道が開かれます。

＊

真の父母を通して生まれ変わってこそ、神様の子女となるのです。

＊

最終的に、本流に出合わなければなりません。真の父母を通して重生復活、祝福という過程を経てこそ、神様の息子、娘になれるということです。

＊

祝福結婚をすることで、サタンと関係がなくなります。族譜が変わり、天の父母様の本来の血統として認められるのです。

＊

真の父母は世界七十数億の人類に対して、彼らが早く天の摂理を知りうる環境をつくるために、多くの分野で努力してきました。その中の核心が、祝福です。

＊

これまで父母が分からずに、親不孝をした人類です。この親不孝な人類の前に真の父母が現れて、再び生まれ変わる祝福行事を通して、天の父母様の子女として入籍させるのが、祝福運動です。

＊

真の父母を通して祝福結婚を受ける道こそが、永生と救いの道なのです。

真の父母を通して祝福結婚を受けない人は、天上天国に入る資格がありません。

＊

人類を天の父母様の血統に転換する役事と摂理が、皆さんが知っている家庭連合の祝福結婚です。

＊

祝福結婚式は、家庭連合において、人類に与える最も大きな贈り物です。

＊

祝福結婚と永生は、真の父母から始まります。真の父母と真の愛で一体となることで、個人、家庭、国家、世界、天宙が完成し、神様の創造理想が完結するのです。

＊

独り娘・真の母が行うこの祝福こそ、六千年間、人類が待ちに待ってきた夢であり、天の父母様の願いであることを知らなければなりません。

＊

神様から最高の愛を受ける家庭を築かなければなりません。そのような家庭は、祝福の関門を通して成就されるのです。

＊

祝福の目的は、夫婦を神様の心情と血統に直接連結することです。祝福を通して、私たちは夫婦として一つになることができ、天の父母様と心情で一つになることができます。

祝福を通して、皆さんはもちろん、今までの先祖を解放することができます。それは、この国の未来の指導者となる青少年に、天の正しい教えを与えることができる祝福の瞬間です。

＊

真の家庭運動、祝福運動だけが、皆さんが一つとなり、今解決すべきすべての問題を解決できる道になります。

＊

天の父母様の、人類一家族の夢を成し遂げ、世界のすべての国が天の父母様のもとで一つの兄弟国として互いにために生き、愛する心で一つになる道は、祝福運動のほかにありません。

怨讐《おんしゅう》関係にある国々の子女が祝福を通して一つになり、心を一つにしています。真の家庭運動だけが平和世界に通じる近道です。真の家庭こそが、地上天国を成就できる基本単位になるのです。

*

祝福をたくさんして、環境圏、祝福の環境を広げていけば、氏族、民族、国家が統一されます。

*

私たちの先祖も、真の父母を通して祝福を受けなければ、天の父母様と人類が本来願った地上天国、天上天国に行くことはできません。

*

今までの歴史を中心として、真の父母に会うことができずに逝ったすべての皆さんの先祖、霊界を解放してあげる責任があります。それが先祖解怨、先祖祝福です。

＊

地上と天上に天国が成されるためには、霊界にいる霊人たちまでも祝福を通して解放しなければなりません。それは、地上にいる真の父母を通してのみ可能です。

＊

皆さんは野生のオリーブではない、真のオリーブです。それは、皆さんが堕落とは関係のない立場にいるということです。

＊

すべての民に、真の父母による祝福を受けさせる責任が皆さんにあることを、忘れないように願います。

純潔

一番は純潔です。純潔が優先です。

*

最も貴いことは、絶対愛、絶対純潔です。地上で瑕《きず》と欠点のない人生を生きてこそ、永遠なる世界で自由になることができます。それは地上でのみ可能なのです。

*

創造目的は、人間始祖が「善悪の実を取って食べてはならない」という神様の戒めを守ってこそ成就されるようになっていました。

＊

絶対「性」は神様を中心としたものであり、フリーセックスは自分とサタンを中心としたものです。

＊

変わることのない神様のみ前に、いつでも心変わりするような人になろうというのは、神様に対する冒瀆《ぼうとく》です。変わることのない愛の前に、変節を前提とした愛を行うことは、愛に対する冒瀆です。

＊

瞬間的な愛、条件的な愛に溺れてはいけません。永遠で純粋な愛を持たなければなりません。

真なる平和は、神様と真の父母の前に孝の心情の姿勢を持って、実践するところから始まります。この基本的な善行は、婚前純潔と結婚してからの絶対的な貞操に連結されなければなりません。

*

夫婦愛

神様が人間を創造されるとき、なぜ男性と女性が互いに相対となるようにつくられたのでしょうか。それは真の愛のためです。真の愛の中で、夫は妻の、妻は夫の愛を分かち合うようになっていました。

最も簡単で低級な被造物から人間に至るまで、各々主体と対象、陽性と陰性のカップルで展開なさった理由も、愛の理想のもとで相対関係を形成するためなのです。

＊

動物には、オスとメスの間における責任はありません。一方、人間においては、愛の自由と共に、必ず責任が伴うのです。

＊

神様は、男性と女性の人間をつくられるとき、それぞれを互いの理想的対象体として立て、真の愛によって一つになるようにしました。

＊

男性と女性は、相手の特性や気質、役割をまねたり、それを羨《うらや》んで奪ったりする必要がある対立と敵対の関係ではありません。

*

女性は、もう片方の神様の一性を代表する男性と競争関係にあるのではありません。また男性の単なる補助者ではなく、男性を全きものにしてあげるべき独立したパートナーなのです。

*

いくら偉大な男性でも、女性を通じなければ子女を持つことはできません。それは、生命は女性の体から誕生するということです。

*

真の愛の理想を中心として見ると、女性は男性の完全な愛の対象であり、価値から見て、男性と女性は絶対平等の存在なのです。

男性と女性は平等であり、永遠なる愛の相対として生きるように創造されています。

＊

神様の真の愛の理想のもとに一つになった男性と女性は、同位権と同参権だけではなく、互いのものを共有することによって、価値的に完全に平等な存在となるように創造されました。

＊

男性は女性のために、女性は男性のために生まれました。ですから愛する人のために、自分自身を喜んで犠牲にし、奉仕するのです。

＊

二人が一つになっていないのに、真の意味で夫婦の自由を享受できるでしょうか。夫婦が一つになれなければ、円満な家庭は期待できないのです。

＊

すべてが相対のためにあります。二人が完全に一つになるその場から理想的な夫婦が現れます。正にその場に絶対愛が存在し、絶対的に変わらないそのような愛の場に、神様が臨在されるのです。

＊

真の愛を中心として男性と女性が一つになれば、宇宙のすべてに連結されます。そうなるとき、神様のすべてが自分のものになるのです。どれほど幸福な立場でしょうか。

＊

横的な男女の愛によって、人間は縦的な神様の愛と連結するようになるのです。

＊

夫婦が合わさって、三段階の愛を完全に成して霊界に行くようになれば、永遠の主体である神様の前に、永遠に相対的な神様となるのです。

＊

地上で、人間の肉身は老いますが、夫婦生活をして真の愛で愛すれば愛するほど、霊人体は若くなります。

＊

「私」の心と体の愛による統一は、家庭的な愛の統一と、常に互いに通じます。家庭が和合した愛の夫婦は、家族だけでなく、その氏族と国家と世界にも通じることができます。

＊

夫婦が愛の神聖さを信じ、責任を果たすとき、幸せが宿る家庭が築かれます。

祝福家庭

祝福家庭は、真の父母の犠牲と苦労によって誕生しました。真の父母がいなければ、祝福家庭が生まれてくることはありません。

＊

私たちは、神様の秘密を知り、すべてのことを蕩減《とうげん》して勝利した基台を立てた真の父母に侍《はべ》っています。皆さんは子女の立場です。

皆さんが統一教会（家庭連合）の祝福家庭になれたのは、真の父母の運勢を皆さんが受け取ったからです。

*

祝福家庭の祝福とは、その位置を祝福したものです。ですから、その位置で座っているだけではいけません。成長しなければなりません。

*

皆さんは、真の父母と同時代に生まれ、侍《はべ》りながら生涯を生きた人として、特別な資格、特別な権威を立てることができる位置にいます。皆さん一人ひとりがみな、美しい宝石となりうる、そのような位置にいるのです。

*

皆さんが真の父母を通して祝福を受けたこと自体、歴史的な人物であるということです。

＊

すべての祝福家庭は、この時代に責任を持つべき、人類歴史の完成と天の摂理の完成を成す「選民祝福家庭」です。

＊

堕落した世界が汚染され、混濁した世界ならば、皆さん祝福家庭は、新しい清い水です。生命水です。

＊

世の中のどんなものよりも強く、世の中のどんな宝物よりも貴く、世の中のどんな水よりも純粋な、天の父母様が隠しておかれた武器があります。それが正に、皆さんです。

皆さんは真の父母の息子、娘であることを堂々と誇らなければなりません。躊躇《ちゅうちょ》することはありません。

*

私たち統一家の祝福家庭が、真の愛を分かち合い、実践して、輝く世界の灯《ともしび》となっていきましょう！

*

祝福を通して、真の家庭運動を通して、皆さん自らが氏族のメシヤにならなければなりません。

*

天の父母様に侍《はべ》り、真の父母のみ言《ことば》どおりに実践躬行《きゅうこう》する祝福家庭として、祝福の選民として、その責任を果たさなければなりません。

＊

神様の息子、娘としての私たちの目的と責任は、心と体が統一された真の愛の人格体となり、その基盤の上で真の愛を中心とした一組の夫婦となり、家庭を築くことです。

＊

皆さんの先祖たちと、今後、未来の主役となる皆さんの子孫たちを指導すべき責任があるのです。それが、この堕落した世界で神様が抱くことのできる祝福家庭の責任です。

＊

祝福家庭は、子女をしっかりと養育しなければなりません。サタン世界のサタンを知らない立場で、子女を育てなければならないのです。それが、父母の責任です。

皆さんの子女の中から一人も落伍者《らくごしゃ》が出ないように、家庭での訓読生活を通して、きちんと教育しなければなりません。

＊

祝福子女の名、祝福家庭の名を持ったではないですか。それは、皆さんだけのための祝福ではありません。皆さんの家族と隣人、堕落世界の社会と国家、世界にまで責任を持たなければなりません。

＊

全世界的に祝福家庭がより多く増えれば増えるほど、人類が願う自由、平等、平和、幸福の地上天国が近づくようになるのです。

祝福家庭がこの国に満ちあふれ、世界に満ちあふれるとき、神様の夢、人類の願い、真の父母の願いである人類一家族の夢が実現されるのです。

＊

孝情《ヒョヂョン》

孝は、人間にとって何よりも重要な実践徳目であり、人生における永遠の柱です。

＊

統一文化の特色を一言で表現するならば、「孝情を根幹とする心情文化」

です。「孝情《ヒョヂョン》」とは、天の父母である神様に向けた私たちの精誠と愛であり、「心情」とは、愛の根本、すなわち愛が湧き上がる泉です。

*

孝情が人々に伝わって、皆が他のために生き、侍《はべ》りながら生活するならば、そこが真の天国になります。

*

自らの考えが天の父母様の考えであり、天の父母様が願われることを自ら悟ってしてさしあげる、孝子・孝女、忠臣の生涯を地上で生きなければなりません。地上で学ばなければならないのです。

*

皆さんが成熟した子女の位置に立つためには、父母様がすべてを投入される前に、「自分が先にそのみ旨に従って投入します」と買って出る息子、娘にならなければなりません。

＊

真の父母にとって孝子、孝女にならなければなりません。そして、兄弟たちと真の愛で一つにならなければなりません。

＊

父母のために自分は何をするか悩み抜き、その道を勇敢に進んでいく人が孝子です。そのような孝子は、常に侍る精神を持って人々に接するので、どこに行っても歓迎を受け、必ずや志を果たします。

＊

投入して忘れてしまい、投入して忘れてしまうことを続ける人が中心者となり、全体の相続者となり、孝子の中の孝子となります。

投入して忘れてしまえばしまうほど、忠臣、聖人、さらに進んで聖子《せいし》として決定されるのです。

＊

皆さんは真の父母の誇らしい孝情郎《ヒョヂョンナン》であり、統一家の誇りであり、未来です。真の父母の息子、娘であると同時に、この時代の義人、天が愛する孝子・孝女、忠臣です。

＊

親が子を信じることができず、子が親を信じることができないならば、それは危機です。父母様にとって皆さんは今、孝子の立場に立っているでしょうか。忠臣の立場に立っているでしょうか。

あなたたちはこの時代の義人です。この時代の、天が愛する孝子・孝女、忠臣なのです。

*

皆さんは、天の父母様の恨《ハン》と真の父母の恨、イエス・キリストの恨を癒やし、地上生活だけでなく永遠なる世界で、誇らしい真の孝子・孝女、忠臣にならなければなりません。

*

真の父母に侍《はべ》り、皆さんの家庭、社会、国家、世界において、神様に侍る運動を展開しなければなりません。それが、今を生きる皆さんが、天の父母様の前に孝子・孝女、忠臣となる道です。

＊

親孝行は、父母が生きている時にしなければなりません。父母が旅立ってしまった後に、いくら親孝行するといってあがいても、遅いのです。

＊

皆さんよりさらに素晴らしく、皆さんよりさらに信じることができ、皆さんよりさらに忠誠を尽くす孝子、孝女をたくさん育ててください。

責任

「原理」のみ言《ことば》によれば、神様が人間の堕落に対して干渉できなかった理由は、人間の責任分担のゆえであったことが分かります。同じように、主（救世主）に侍《はべ》るのも人間の責任です。

＊

神様の摂理は、人間の責任分担を完成した基台の上でのみ完成されるのです。

＊

過去の先祖たちの過ちを蕩減《とうげん》しなければなりません。そうしなければ讒訴《ざんそ》されます。

＊

私たちは、完全勝利ができる幸運の位置にいるということを肝に銘じなければなりません。

＊

無知には完成がありません。私が教えてあげたのですが、それを受け入れるかどうかは各自の責任です。

＊

正しく立った一人によって世界が回るようになっています。その中心の隊列に、皆さんが立ったということを忘れないようにお願いします。

＊

大きな祝福を受けた立場は、自分だけの場ではありません。全体が、世界が一つになるように責任を果たさなければならないのです。

＊

まず自分が責任を果たすのが先です。誰かを批判したり、よしあしを言える資格を持った人はこの中に一人もいません。

世界の人類をすべて抱くまでは、私たちに責任があります。避けていくことはできません。

＊

私のいる間に「責任を果たした」と言うのと、私が霊界に行ってから「責任を果たした」と言うのとでは雲泥の差です。天と地以上の違いが生じるのです。

＊

責任を中心として、真の父母が生きているときに、「孝子」、「忠臣」の名を聞かなければならないのです。真の父母がふたりとも霊界に行ったならば、（その名を）誰から受けますか？

重大な責任が皆さんにあるのに、それを忘却して自分のことだけ考えてはいけません。そのような人々の社会は発展できないのです。

＊

死んでいく地球村の兄弟の悲劇を見て、ただかわいそうだと考えるよりは、実質的に彼らを助けてあげる全世界的な最後の救世運動を展開していかなければなりません。

＊

考えて、さらに考えて、天の知恵を借り、私たちが人間としてできるすべての方法と能力を動員して変えなければなりません。私たちが変えなければ、未来はありません。

皆さんの子孫と先祖の道を開いてあげなければなりません。皆さんが責任を果たすことができなければ、彼らの道を遮る結果になるのです。それゆえに深刻なのです。

＊

責任は誰かが果たしてくれるものではありません。自分自身が果たさなければなりません。死生決断、全力投球はこのようなときに必要な言葉です。

＊

今からは、天の前に実績をお返ししなければなりません。今まで行ってきた方法は、少し変わらなければならないでしょう。生産性がなければなりません。そうしてこそ生き残ることができます。

＊

これから皆さんは変わらなければなりません。皆さんは、神様のみ旨、神様の創造理想を実体的に成し遂げてさしあげるべき誇らしい人であるということを常に忘れてはいけません。

＊

肉身は永遠ではありません。若くても、年を取っていても、みな、あの世へ行きます。どのように生きるかも大切ですが、どのように死ぬかが重要です。素晴らしい死とは、責任を果たした立場です。

＊

運命は自分の努力によって改めることも、変更することもできますが、宿命は変更できません。絶対に逃れられない天命です。

祝福には、責任が伴います。その責任を果たしてこそ、完全な祝福があることを皆さんが深刻に理解して、実を結ばなければなりません。

＊

今や皆さんも一人前になったと見なさなければなりません。いつまでも父母様に頼っていてよいでしょうか。皆さんが実を結ばなければなりません。切実に精誠を込めながら天の前に祈ってみてください。

＊

問題は、真の母である私が地上にいる間に、その結果を神様に奉献できるかどうかです。それができてこそ、後孫に向かって、未来の人類に向かって、誇れる自分になるのです。

＊

真の父母と縦的に一つになって前進し、また前進すれば、必ず勝利するでしょう。そのようになれば、私と約束した十倍化を超えて百倍化、千倍化の驚くような祝福が、皆さんに訪れるでしょう。

＊

創造主、天の父母様が私たちを信じて喜ぶことができる実績を、毎月、毎年、より大きく、高くお返しする真の孝子・孝女、忠臣になりましょう！

＊

天地人真の父母が成そうとした高いみ旨、摂理の歴史の中心に立って、真の父母から祝福を受けた国が日本です。

＊

日本は、世界に対してエバ国としての責任があります。（世界を）教育しなければなりません。

＊

摂理の中心に立った日本は、その責任において否定的になってはなりません。大変だと考えてはなりません。当然、果たすべきことです。

＊

国に責任を持つ者は、朝早く起きて天の前に精誠を捧《ささ》げなければなりません。祈らなければならないのです。

決意

皆さんの決断、決心が日本を生かし、世界を生かすと考えるとき、何を躊《ちゅう》躇《ちょ》するというのでしょうか。皆さんの背後には、天の父母様と真の父母がいます。

＊

真の父母を思い、み旨を考えるならば、みな、一瞬でも、一分一秒でも最善を尽くそうとするはずです。本当に「死生決断、全力投球」、この言葉を毎日、実感する生活をしなければならないでしょう。

＊

蕩減《とうげん》のない世の中をつくるために真の父母は生涯苦労しました。皆さんは到底返すことのできない負債を負っているのです。それを皆さんが実感し、痛感して生活するのが「死生決断」です。

＊

どのようにすれば、天に対する負債を返して天から赦《ゆる》しを受け、天のみ前に歩み出ることのできる「私」自身、私の家庭、私の氏族、民族、国家、世界になることができるのかを考えなければなりません。

＊

皆さんはどのような存在になりたいでしょうか。太陽のようになりたいですか、月のようになりたいですか。皆さんの決心と行動いかんによって想像もつかない天地創造が起こるのです。

＊

皆さんが一層頑張って、百倍、千倍と、より努力することが、真のお父様から頂いた愛と恩恵に報いる道です。

＊

真実は通じます。恩恵を受けたら、恩恵を返さなければなりません。

＊

私たちが責任を持つこの期間は、真の父母ゆえに、後にも先にもない黄金期であると言いました。真の父母が地上にいるので、黄金期なのです。この時を逃す皆さんになってはなりません。

＊

一人の人間にとって、独り娘である私と共に生きるこの時間は、その年齢を問わず、黄金期なのです。

＊

歴史上、後にも先にもない今の時を迎えました。最も祝福された幸福な時であることは間違いありません。しかし、皆さんが責任を果たせなければ、最も悲惨（な時）になるのです。

*

天は私たちが知らない間に、準備してこられました。その準備なさった天のみ手を、私たちがしっかりと握らなければなりません。

*

皆さん一人によって十人が一度に同参しうる、そのようなあらゆる方法を、天はすべて下さいました。時を逃してはいけないということです。

*

摂理を前にしたとき、明日というのはありえません。きょう、勝利しなければなりません。

皆さんは必ずや天に報いなければなりません。必ずや成功しなければなりません。

＊

天寶《てんぽう》家庭

天一国において国の主人が立つためには、民がいなければならないのと同じように、神様の摂理を成し遂げる際にも、従う群れが責任を全うしなければなりません。

＊

皆さんは、例外なく天の選択と先祖の功績、そして自らの後天的天禀《てんぴん》によってみ旨の道と縁を持ち、数多くの迫害を顧みずに真の父母のあとに従い、今日の勝利圏を迎えました。

*

皆さんは、真の父母がそうであったように、皆さんの周囲のすべての親族と一族にとって天上への架け橋となり、天の国に一族を案内する縦的な梯子《はしご》にならなければなりません。

*

皆さんの血族が、みな祝福を受けられるよう、最善を尽くさなければなりません。皆さんの活動いかんによって、この国がどれだけ早く発展するかを考えてみてください。

*

主人意識を持ってください。それが（氏族）メシヤの使命です。

＊

（真のお父様は）最期のとき、「氏族的メシヤの責任を果たしてくれ」と頼まれました。皆さんはどれほど、深刻にそれを実践躬行《きゅうこう》しましたか？

＊

世界救援摂理を完遂するメシヤ的使命を各家庭が果たさなければならない時です。皆さんの家族を復帰したのちに、皆さんの氏族と国家と世界を救わなければなりません。

＊

氏族メシヤの責任一つだけで終わるのではありません。さらに進んで、四百三十人がみな同じく氏族メシヤとなるならば、氏族メシヤの環境圏は国を超えて、世界を一つにすることができる環境圏となるのです。

祝福家庭が氏族メシヤの責任を完遂し、国家的メシヤ、世界的メシヤの立場にまで進んでこそ、人類が願い、天の父母様が願う人類一家族、平和世界が実現するのです。

＊

皆さんが先祖を解怨、祝福してあげ、善霊にしてあげなければなりません。それが今日、皆さんが果たすべき、氏族メシヤの責任です。

＊

神氏族メシヤの責任を実質的に完成させて、私が皆さんを天国に連れていき、真のお父様に誇りたいのです。

＊

皆さんは何の仕事をするにしても、他の人と違いがなければなりません。名門家庭の先祖にならなければなりません。そのために努力しなければなりません。

＊

名門家庭となるのは、今この瞬間、この時しかありません。皆さんが名門家庭の先祖になりなさいということです。真の父母と同時代を過ごした皆さんのほかに、誰が名門家庭になるのですか？

＊

名門家庭は、後継者を育てなければならないのです。親よりもさらに素晴らしい息子、娘を育てなければなりません。

＊

皆さんは、子孫にとって誇らしい先祖となれるよう努力しなければなりません。

一等の先祖になるか、最下位の先祖になるかは、皆さんに懸かっています。私に何かしてもらうのではなく、自らが環境を創造しなければなりません。

＊

どれほど貴い立場であり、誇らしい立場でしょうか。子孫が永遠に顔を上げて生きていけるようにする栄光の立場に、皆さんが立っているということです。

＊

先に召された者が、後から来た人から尊敬を受ける立場に立たなければなりません。ですから、今この時代、この瞬間を生きている皆さんは新しく生まれ変わり、実践躬行《きゅうこう》しなければなりません。

*

現在自分が天寶《てんぽう》家庭として、特に独り娘・真の母がいらっしゃるこの瞬間に、この地上で、自分の生涯でどれだけ領域を広げたのかというのです。それが永遠なる世界における皆さんの財産になります。

*

私が地上にいる間に、皆さんをすべて記憶してから行きたいと思います。そのような点で、天が願うとおりに働くことのできる環境圏をつくってさしあげなければなりません。

*

皆さんは、三時代を連結する中心にいます。過去、現在、未来において、歴史的な中心人物になりうる、歴史的な人類の先祖になりうる立場に置かれています。

祝福は分かち合うほど大きくなります。皆さんが、氏族メシヤ、国家メシヤになるための祝福を、真の父母が授けました。

＊

氏族のメシヤになったといって、自分が中心ではありません。中心は真の父母であり、天の父母様であることを教えてあげなければなりません。自分を中心としてはならないのです。

＊

氏族メシヤの責任は、四百三十家庭で終わるのではありません。その四百三十家庭がみな、四百三十家庭をさらに勝利するとき、その基盤は国家基盤から世界基盤へと拡大していくのです。

神《しん》統一世界

摂理の大転換期には、皆が真の父母と一つにならなければならないことを肝に銘じてください。

＊

神様は、個人だけではなく国全体が御自身の側に立ち、真の愛を中心として変化と革新の原動力になってくれることを願われています。

＊

すべての宗教は、罪悪の世界を清算し、神様と人間が望む理想世界建設のために共に働く存在であり、協力者です。

＊

地球上に起きているすべての難問題を解き、正しくバランスを取り戻すことができる方法は、ただ天の父母様聖会のもとで真の父母のみ旨に従っていく道だけです。

＊

本来の創造主であられる神様、絶対的な神様を知ることなしには、今日の問題を解決する答えはありません。

＊

共生、共栄、共義です。統一された人類一家族共同体の中心に天の父母様がいらっしゃれば、すべての問題が解決します。

私たちが神様のみ旨に従うことができなければ、その摂理は中断され、延長されます。

*

摂理を完成させるみ旨発展のために、生が尽きる日まで、必ずや国家の復帰、世界の復帰を、「私」が父母様に侍《はべ》って成し遂げるという覚悟で立ち上がらなければなりません。

*

国も世界も、天の父母様に侍る位置で一つになり、過ったことを一つ一つ直していくことができれば、未来に希望があります。そのことを見せてあげなければなりません。

世の中を動かすのは心情の文化であり、芸術です。人の心の奥底を震わせるのは、理性ではなく、感性です。物事を受け止める心が変われば、思想が変わり、制度が変わるのです。

＊

心情文化こそ、時空を超えて永遠の美をつくり出す本質です。天の父母様のみ旨が成し遂げられた世界とは、一点の汚れもない清らかな心情文化が、水のように、風のように流れる世界なのです。

＊

私たちはみな、真の父母と真の家庭を中心として、和合と統一の心情文化共同体を築いていかなければなりません。

＊

統一運動、統一の歴史が、この地上で完成することは間違いありません。

＊

今からは、真の父母を証《あか》しし、真の父母に侍《はべ》る人々、侍る社会、侍る国、侍る世界だけが、天の祝福を受けられます。この道しかありません。

＊

もし世界が、もともと良い木から採れた良い種を、良い環境で育てていたなら、今日、平和の世界、希望の世界、未来を保障される世界となっていたに違いありません。

＊

平和というものは、誰もが求めていながらも、簡単には手に入らないものです。平和を手にするためには、それに匹敵する犠牲と献身がなければなりません。

*

天の父母なる神様のみ旨と一つになることが平和の基礎です。いかなる障壁があったとしても、天の父母なる神様にその基礎を求める者は、世界平和への道を切り開いていくことができるのです。

*

人類全体が、自由で、平等、平和、統一を実現した幸せな世界は、神様が主人になる世界です。天の父母様だけが主人にならなければなりません。

*

世界平和とはただ単に、精神的な概念ではありません。それは人の生き方であり、個人の段階から始まって、愛する家族へと成長し、グローバルな家庭へと到達するものです。

＊

平和世界に向かう道では、命懸けの挑戦を求められても、堂々と歩んでいかなければなりません。

＊

天の父母様がいらっしゃる以上、人間を中心とした考えや思想、生活方式では、平和な世界は訪れません。

＊

人間が中心ではありません。宇宙の主人であられる創造主、神様が主人です。その主人を正しく知って、その意《こころ》にかなうように生きる人類となってこそ、平和世界が成されるのです。

＊

世界のすべての国々は兄弟国として、真の父母に侍《はべ》る場に出なければなりません。父母の前において、互いにために生き、愛する一つの兄弟のような心情文化を成してこそ、世界平和が可能なのです。

＊

家庭で父母と子女が和睦し、世界で国と国が和合し、そして天上と地上が合徳すれば、恒久的な平和理想世界はそのとき実現されます。

＊

私たちが作戦において、最も重要な高地を奪還してこそ勝利できると考えるとき、今現在、皆さんが直面している高地はどこですか？　国家の復帰という高地です。

＊

私たちが世界の人々を継続して教育し、国家が天の摂理に従うことができるようにしなければなりません。国家の復帰を完了した国が多くなるほど、天の摂理は早まるのです。

＊

皆さんによって国が復帰されると考えてみなさいというのです。その責任のために努力する人は、天が記憶なさるでしょう。

＊

真の父母と一つになる国々は、このように健やかで最高の姿になれるということを見せてあげましょう。

＊

確かに言えることは、天の父母様の民と国を探し立てるに当たって、私が直接訪ねた国に対しては、天の父母様が「愛する我が息子、娘である」とはっきり言える国にしてあげるということです。

＊

利己主義、自国の利益だけを考える国は結局、その存続に限界が来るのです。何としてでもお互いに力を合わせ、公害になりうるものを取り除くために、一つになって努力しなければなりません。

＊

真の父母の思想が入れば、互いに通じ合い、一つになるのです。そのような時代が来れば、世界は自動的に一つになります。

＊

天の父母様が願い、人類が願う「天の父母様のもとの人類一家族」の世界が今日、現実において実現されうるということを知らなければなりません。

*

天の父母様を中心とした一つの世界、人類一家族は、真の父母を中心に迎えてこそ、現実的に成就します。そうしてこそ、皆さんが真の子女として、天の父母様のみ前に出ていくことができます。

*

世界のすべての国々（の人々）が、創造主であられる天の父母様の子女になれば、天の父母様に侍《はべ》る、真の人類一家族となるでしょう。

*

私たちは、共同体よりも個人を指向する個人主義の、すべての要素を清算しなければなりません。そして、神様のもとの一家族として互いに愛し合い、見守り、仕え、和合しなければなりません。

＊

中心に創造主・天の父母様と真の父母を迎えれば、世界すべての国々が兄弟姉妹として、人類一家族の夢を実現することができます。

＊

お互いに愛し合い、ために生きる生活をする家庭から出発するとき、人類の願いと天の父母様の夢である「神様を中心とする人類一家族」の夢が実現します。

＊

「天の父母様を中心とする人類一家族」、統一された世界のために、粗雑なものが入る隙をつくることはできません。

＊

平和な世界、天の父母様に侍《はべ》る人類一家族世界へと向かえるように、皆さんがあらゆる面で一生懸命に努力し、結果を出すことを願っています。

天一国安着

天の父母様が何よりも願われていた故郷を取り戻してさしあげなければなりません。天の父母様の故郷はどこでしょうか。真の父母の故郷です。

＊

基元節からは新しく進まなければなりません。新歴史、新時代です。

＊

平和な国家を築くことが正に、私たちの世界的な運動の願いであり、ゴールです。その国を私たちは天一国と呼びます。

＊

必ずや天の父母様のみ前に、天地人真の父母の前に、地上天国、天上天国が開かれたことを見せなければなりません。

＊

天の父母様の夢、真の父母の夢と、あなたたちの夢を一つにして成し遂げようとするのが、地上天国です。

＊

祝福家庭の願いとは何でしょうか。統一教会（家庭連合）の願いは何でしょうか。それは地上天国であり、神様と真の父母に共に侍って生きたいということではないでしょうか。

　一日が千年のような、緊迫したこの時代は、皆さんの知恵と苦労、努力を必要としています。

＊

　自由な平和世界、地上天国は、蕩滅《とうげん》がない世界です。私たちはそこに向かっており、その世界をつくる主役になろうと努力しています。

＊

　私たちが願う一つの世界は、遠くにあるのではありません。自分の家庭において、国において、真の父母の「ために生きる真の愛」を実践するとき、正にそこが、地上天国なのです。

＊

少なくとも私が地上にいる間に、十年になるか二十年になるか分かりませんが、七十数億の人類の三分の一でも、天の父母様を知って侍《はべ》ることのできる地上天国を実現しなければなりません。

*

天の父母様の夢、真の父母の夢、人類の夢は「天の父母様に侍る人類一家族（世界）」、地上天国です。地上天国が実現したうえで、天上天国で、永存する天の父母様と共に私たちも永存するようになるのです。

*

私たちの手で、真の父母がいるうちに地上天国をつくってさしあげてこそ、天上天国がさらに豊かになるのではないでしょうか。

*

良心を解放し、神様の真の愛と一つになって暮らしてから入る所、神様の愛の血族のために準備して、愛を中心として暮らしてから入る所が天国です。

＊

天国に入る資格を得るためには、地上において家庭が、天の摂理に合わせて、真の家庭として生きなければなりません。そのように生きてから入る所が天上天国です。

＊

皆さんが幸せな人生を送って、最後に行くべき所が天上天国です。しかし、天国で皆さんが一人で暮らすとしたら幸せではないでしょう。寂しいでしょう。私たちはみな共に行かなければなりません。

＊

天国に行く一番の近道は、私たちが真の家庭を成すことです。家庭理想を完成するということです。

＊

天一国を宣布しました。私は、はっきりと言いました。天一国は、天の父母様が共にいらっしゃる国です。人類一家族です！

＊

（天一国は）「二人が一つになる」と訳すことができます。すなわち、あらゆる分裂や対立が解消、克服され、調和と協力、そして平和へと帰着する国ということです。

＊

天一国の民は、次の三つの基本的な倫理原則を守らなければなりません。最初に、婚前純潔と夫婦間の貞操を守ることで、真の愛と家庭の理想を守らなければなりません。

＊

第二に、天の父母様であられる神様の息子、娘として、人間個々人の神聖な価値と神様が賦与された権利を尊重し、絶対に侵害しないようにしなければなりません。

＊

第三に、公的資産に対する責任感を持って、そのような資産を決して誤用してはなりません。

＊

全世界七十数億の人類を考えるとき、彼らが一日も早く天一国の民として、この時代に生まれた責任と使命を果たせるように導く責任が、私たちにあります。

皆さんは、天一国時代において真の父母に侍《はべ》っている主役です。いかなる環境でも不屈の精神を持って歩まなければなりません。

*

今、この瞬間が、最も祝福された幸せな瞬間です。皆さんはその責任（遂行）いかんによって、天一国の孝子、忠臣、主人となるのです。

*

天一国安着を宣布します!!

出典一覧

書籍

『人類の涙をぬぐう平和の母』(光言社、2020)
『韓鶴子女史御言集 愛の世界』(光言社、2003)
『韓鶴子女史御言選集 真の母のまなざし 出生から結婚・世界平和講演まで』(光言社、2007)
『韓鶴子総裁講演集 日本講演 100 回記念』(光言社、2003)
『韓鶴子総裁御言選集1 真の父母様を中心とした一つの世界』(成和出版社、2017)
『韓鶴子総裁御言選集2 理想家庭と平和世界のモデル』(成和出版社、2017)
『韓鶴子総裁御言選集3 天一国と私たちの使命』(成和出版社、2017)

機関誌

「祝福家庭」(光言社)
「世界家庭」(光言社)
「TODAY'S WORLD JAPAN」(光言社)

※引用したみ言は、掲載に当たり、表現の整理や表記の統一など、編集を加えています。

真《まこと》のお母様のみ言《ことば》 **御《み》旨《むね》の道**

2021 年 10 月 3 日　初版第 2 刷発行

編　集　天の父母様聖会 世界平和統一家庭連合
発　行　株式会社 光言社
〒 150-0042　東京都渋谷区宇田川町 37-18
TEL (03) 3467-3105
https://www.kogensha.jp
印刷所　共同印刷 株式会社

©FFWPU 2021　Printed in Japan
ISBN 978-4-87656-661-7
乱丁・落丁本はお取り替えいたします。
定価はブックカバーに表示しています。